가장 알기 쉽게 배우는

바로바로 영어 독학 단어장

가장 알기 쉽게 배우는

바로바로 **영어 독학** 단어장

저 자 이민정, 장현애
발행인 고본화
발 행 탑메이드북
교재 제작·공급처 반석출판사
2025년 1월 10일 초판 22쇄 인쇄
2025년 1월 15일 초판 22쇄 발행
반석출판사 | www.bansok.co.kr
이메일 | bansok@bansok.co.kr
블로그 | blog.naver.com/bansokbooks

07547 서울시 강서구 양천로 583. B동 1007호
(서울시 강서구 염창동 240-21번지 우림블루나인 비즈니스센터 B동 1007호)
대표전화 02) 2093-3399 **팩 스** 02) 2093-3393
출 판 부 02) 2093-3395 **영업부** 02) 2093-3396
등록번호 제315-2008-000033호

Copyright ⓒ 이민정, 장현애

ISBN 978-89-7172-835-2 (13740)

가장 알기 쉽게 배우는

바로바로 영어 독학 단어장

탑메이드북

머리말

영어 공부는 왕도가 없다. 영어를 정복하고자 하는 굳은 의지와 노력이 가장 중요하다. 다른 외국어 공부도 그러하겠지만 영어 학습 역시 단어와의 싸움이다. 많은 단어를 인내심을 가지고 내 것으로 만드는 학습이 매우 중요하다 할 수 있다.

예전에 외국어를 공부하던 시절 많은 단어를 수첩에 적어놓고 반복해서 읽고 말하고 현지인과 소통하면서 내 머릿속에 차곡차곡 쌓았다. 그러던 차에, '이런 반복되는 언어 학습을 좀 더 재미있게 할 수는 없을까?' 하는 생각을 갖게 되었다. 그러다가 단어장의 단어에 그림들을 그렸고 잘 외워지지 않는 단어들을 기숙사에서 가장 잘 보이는 곳에 그림과 함께 단어 발음을 적어 붙여놓으면서 단어들을 익혀나갔다. 단순히 글로 익히는 것보다 훨씬 더 머릿속에 오래 남았다.

단어를 이미지화시켜 암기하는 방식이 단순히 글을 통해 암기하는 것보다 효과가 훨씬 크다는 것은 이미 여러 연구 자료를 통해 알려진 사실이다. 어떤 연구에 따르면 그림으로 외국어를 공부하는 것이 글로만 공부하는 것보다 10배나 효과적이라고 한다.

이런 전문적인 조사가 아니라고 해도 실제로 필자에게도 큰 효과가 있었다. 글만 나열되어 있는 단어장보다는 그림이 있는 것이 자칫 지루할 수 있는 반복 학습을 덜 지루하게 만들어주었다. 그래서 필자는 이미지를 통해 학습하는 책을 다수 저술하였고, 주위에 많은 분이 보고 쉽고 재미있게 학습했다는 평을 많이 해주어 매우 만족스러웠다.

이미 영어는 외국어라고 말하기에도 민망할 정도로 우리의 생활에서 자주 접할 수 있는 익숙한 언어이다. 그렇지만 우리는 끊임없이 영어 공부에 대한 압박에 시달린다. 영어를 잘해야 좋은 성적을 얻을 수 있고, 좋은 회사에 취업할 수 있고, 승진할 수 있다는 압박감이 영어를 어렵게 느끼게 만든다. 이 책은 멀고도 가까운 언어인 영어를 좀 더 쉽고 재미있게 공부할 수 있게 해 줄 것이다.

앞에서 얘기했듯이 언어 학습은 반복에 반복을 거듭하여 자신의 것으로 만드는 것이다. 그래서 많은 인내심을 필요로 한다. 영어를 공부하고자 하는 많은 독자들이 이 책과 함께 지치지 않고 재미있게 자신만의 방식을 찾아서 학습해나가기를 진심으로 바란다.

이민정, 장현애 저

목차

이 책의 특징

모든 언어 공부의 기본은 단어입니다. 말을 하고 글을 읽을 수 있으려면 단어를 알아야 하지요. 이 책은 일상생활, 여행, 비즈니스 등 주제별로 단어가 분류되어 있어 자신이 필요한 부분의 단어를 쉽게 찾아 공부할 수 있습니다.

또한 단순히 단어를 나열하기만 한 것이 아니라, 단어 옆에 이미지들을 함께 배치해 단어 공부를 더 효과적이고 즐겁게 할 수 있도록 구성하였고, 단어를 활용해 실생활에서 사용할 수 있는 대화 표현들도 함께 수록하였습니다.

초보자도 쉽게 따라 읽으며 학습할 수 있도록 영어 발음을 원음에 가깝게 한글로 표기하였고, 원어민의 정확한 발음이 실린 mp3 파일을 반석출판사 홈페이지 (www.bansok.co.kr)에서 무료로 제공합니다. 이 음원은 한국어 뜻도 함께 녹음되어 있어 음원을 들으며 단어 공부하기에 아주 좋습니다.

들어가기: 기본 회화 표현
단어를 공부하기 전에 실생활에서 자주 사용되는 짧은 문장들을 짚고 넘어갑니다.

Part 1 일상생활 단어
성별, 가족관계, 직업 등 개인의 신상에 대한 표현부터 의식주, 여가 활동 등에 대한 표현까지 우리가 일상생활에서 흔히 쓰는 단어들을 정리하였습니다.

Part 2 여행 단어
여행의 순서에 따라 단계별로 단어를 정리하였으며 영어 사용권의 대표적인 관광지도 함께 실었습니다.

Part 3 비즈니스 단어
경제, 증권 등 비즈니스 분야의 전문 용어들을 수록하였습니다.

컴팩트 단어장
본문의 단어들을 우리말 뜻, 영어, 한글 발음만 표기하여 한 번 더 실었습니다. 그림과 함께 익힌 단어들을 45쪽 분량의 컴팩트 단어장으로 복습해 보세요.

이 책의 활용 방법

1. 주제별로 단어를 분류하였으며 영어 단어를 이미지와 함께 효과적이고 재미있게 공부할 수 있도록 꾸몄습니다.

2. 원음에 가까운 영어 발음을 병기하여 초보자들도 좀 더 가볍게 접근할 수 있도록 구성하였습니다.

3. 한국어 뜻과 영어 단어가 모두 녹음된 mp3 파일이 제공됩니다. mp3 파일에는 본문 단어와 관련단어가 녹음되어 있습니다.

관련대화
주제와 단어에 관련된 대화를 수록하여
실생활에 활용할 수 있게 하였습니다.

일반 단어
주제에 맞는 주요 단어들을 이미지와
함께 공부할 수 있습니다.

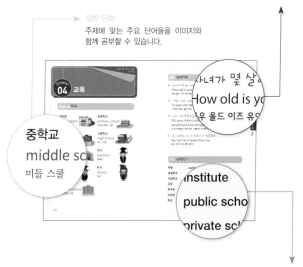

관련단어
위에서 다루지 못한 단어들을 정리하여
추가로 수록하였습니다.

안녕하세요!	**Hi / Hello!** 하이 / 헬로우
잘 있었니. (친한 사람끼리)	**Hi, there!** 하이 데어
휴일 잘 보내셨어요?	**Did you have a nice holiday?** 디쥬 해버 나이스 할러데이
날씨 참 좋죠?	**Beautiful weather, isn't it?** 뷰리풀 웨더 이즌닛
아니 이게 누구세요!	**Look who's here!** 룩 후즈 히어
세상 정말 좁군요.	**What a small world!** 와러 스몰 월드
여기에 어쩐 일로 오셨어요?	**What brings you here?** 왓 브링스 유 히어
우리 전에 만난 적 있지 않나요?	**We've met before, right?** 위브 멧 비포 롸잇
어떻게 지내세요?	**How are you doing?** 하우 아 유 두잉
안녕, 어떻게 지내니?	**Hi, how are you?** 하이 하우 아 유

별일 없으세요?	**Anything new?** 애니씽 뉴
오늘은 좀 어떠세요?	**How do you feel today?** 하우 두 유 필 투데이
오늘 재미가 어떠세요?	**How's your day going?** 하우즈 유어 데이 고잉
어떻게 지내셨어요?	**How have you been doing?** 하우 해뷰 빈 두잉
오랜만입니다.	**Long time no see.** 롱 타임 노 씨
여전하군요.	**You haven't changed at all.** 유 해븐트 체인쥐드 앳 올
몇 년 만에 뵙는군요.	**I haven't seen you in years.** 아이 해븐트 씬 유 인 이어즈
세월 참 빠르군요.	**Time flies.** 타임 플라이즈
보고 싶었어요.	**I've missed you.** 아이브 미스트 유
가족들은 안녕하신지요?	**How's your family?** 하우즈 유어 패밀리

처음 뵙겠습니다.	**How do you do?** 하우 두 유 두
만나서 반갑습니다.	**Nice to meet you.** 나이스 투 밋츄
알게 되어 기쁩니다.	**I'm glad to know you.** 아임 글래드 투 노우 유
만나 뵙게 되어 영광입니다.	**I'm honored to meet you.** 암 아너드 투 밋츄
제가 오히려 반갑습니다.	**The pleasure is mine.** 더 플레져 이즈 마인
제 소개를 할까요?	**May I introduce myself?** 메아이 인트러듀스 마이셀프
제 소개를 하겠습니다.	**Let me introduce myself.** 렛 미 인트러듀스 마이셀프
저는 부모님과 함께 삽니다.	**I live with my parents.** 아이 리브 윗 마이 페어런츠
전 장남입니다.	**I'm the oldest son.** 아임 더 올디스트 썬
전 맏딸입니다.	**I'm the oldest daughter.** 아임 디 올디스트 도러

전 독신입니다.	**I'm single.** 아임 씽글
두 분 서로 인사 나누셨어요?	**Have you met each other?** 해뷰 멧 이취 아더
김 씨, 밀러 씨와 인사 나누세요.	**Mr. Kim, meet Mr. Miller.** 미스터 킴 밋 미스터 밀러
만나서 매우 반가웠습니다.	**I was very glad to meet you.** 아이 워즈 베뤼 글래드 투 밋츄
전에 한번 뵌 적이 있는 것 같습니다.	**I think I've seen you before.** 아이 씽 아이브 씬 유 비포
고향이 어디십니까?	**Where are you from?** 웨어라 유 프럼
말씀 많이 들었습니다.	**I've heard so much about you.** 아이브 허드 쏘 머취 어바웃츄
만나 뵙고 싶었습니다.	**I wanted to see you.** 아이 워니드 투 씨 유
이건 제 명함입니다.	**This is my business card.** 디씨즈 마이 비즈니스 카드
국적이 어디시죠?	**What's your nationality?** 왓츄어 내셔낼러티

잘 자요!	**Good night!** 굿 나잍
좋은 꿈 꾸세요!	**Sweet dreams!** 스윗 드림스
안녕히 가세요.	**Good bye. / Bye.** 굿바이　　　바이
다음에 뵙겠습니다.	**See you later.** 씨 유 레이러
그럼, 이만.	**So long.** 쏘 롱
그래요. 그럼 그때 뵐게요.	**O.K. I'll see you then.** 오케이 아일 씨 유 덴
재미있는 시간 보내세요.	**Have a good time.** 해버 굿 타임
안녕히 계세요 (살펴 가세요).	**Take care.** 테익 케어
재미있게 보내!	**Enjoy yourself!** 인죠이 유어셀프
조만간에 한번 만납시다.	**Let's get together soon.** 렛츠 겟 투게더 쑨

떠나려고 하니 아쉽습니다.	**I'm sorry that I have to go.** 아임 쏘리 댓 아이 해브 투 고
가봐야 할 것 같네요.	**(I'm afraid) I have to go now.** (아임 어프레이드) 아이 해브 투 고 나우
이제 가봐야겠습니다.	**I must be going now.** 아이 머슷 비 고잉 나우
미안하지만, 제가 좀 급해요.	**I'm sorry, but I'm in a hurry.** 아임 쏘뤼 벗 아임 이너 허리
정말로 식사 잘 했습니다.	**I really enjoyed the meal.** 아이 뤼리 인죠이드 더 밀
방문해 주셔서 고맙습니다.	**Thank you for coming.** 땡큐 포 커밍
오늘 밤 재미있었어요?	**Did you have fun tonight?** 디쥬 해브 펀 투나잇
제가 차로 바래다 드릴까요?	**Can I give you a lift?** 캔 아이 기뷰어 립트
가끔 전화 주세요.	**Please call me any time.** 플리즈 콜 미 애니 타임
그에게 안부 전해 주세요.	**Say hello to him for me.** 세이 헬로우 투 힘 포 미

감사합니다.	**Thank you. / Thanks.** 땡큐　　　　　땡스
대단히 감사합니다.	**Thanks a lot.** 땡스 어 랏
진심으로 감사드립니다.	**I heartily thank you.** 아이 하트리 땡큐
여러모로 감사드립니다.	**Thank you for everything.** 땡큐 포 에브리씽
어떻게 감사를 드려야 할지 모르겠어요.	**How can I ever thank you?** 하우 캔 아이 에버 땡큐
어쨌든 감사합니다.	**Thank you anyway.** 땡큐 애니웨이
큰 도움이 되었어요.	**You've been a great help.** 유브 비너 그레잇 핼프
정말 감사드립니다.	**I appreciate it very much.** 아이 어프리쉬에이릿 베뤼 머취
동반해 주셔서 즐겁습니다.	**I enjoy your company.** 아이 인죠이 유어 컴퍼니
자, 선물 받으세요.	**Here's something for you.** 히어즈 썸씽 포 유

당신에게 줄 조그만 선물입니다.
I have a small gift for you.
아이 해버 스몰 깁트 포 유

당신께 신세를 많이 졌어요.
I owe you so much.
아이 오우 유 쏘 머취

제가 갖고 싶었던 거예요.
This is just what I wanted.
디씨즈 저슷 와라이 원티드

정말 사려 깊으시군요.
How thoughtful of you!
하우 쏘웃풀 어뷰

천만에요.
You're welcome.
유어 웰컴

원 별말씀을요.
Don't mention it.
돈 맨셔닛

그렇게 말씀해 주시니 고맙습니다.
It's very nice of you to say so.
잇츠 베뤼 나이스 어뷰 투 쎄이 쏘

제가 오히려 즐거웠습니다.
The pleasure's all mine.
더 플레져스 올 마인

대단한 일도 아닙니다.
No big deal.
노 빅 딜

저한테 감사할 것 없어요.
No need to thank me.
노 니드 투 쌩크 미

실례합니다(미안합니다).

Excuse me.
익스큐즈 미

내 잘못이었어요.

It was my fault.
잇 워즈 마이 펄트

미안합니다.

I'm sorry.
아임 쏘뤼

정말 죄송합니다.

I'm really sorry.
아임 뤼리 쏘뤼

당신에게 사과드립니다.

I apologize to you.
아이 어팔러좌이즈 투 유

여러 가지로 죄송합니다.

I'm sorry for everything.
아임 쏘뤼 포 에브리씽

늦어서 미안합니다.

I'm sorry. I'm late.
아임 쏘뤼   아임 래잍

그 일에 대해서 미안하게
생각하고 있습니다.

I feel sorry about it.
아이 필 쏘뤼 어바우릿

얼마나 죄송한지 몰라요.

I can't tell you how sorry I am.
아이 캔트 텔 유 하우 쏘뤼 아이 앰

한번 봐 주십시오.

Have a big heart, please.
해버 빅 하트 플리즈

기분을 상하게 해드리지는 않았는지 모르겠네요.
I hope I didn't offend you.
아이 호파이 디든트 오펜듀

폐를 끼쳐서 죄송합니다.
I'm sorry to disturb you.
아임 쏘뤼 투 디스터뷰

실수에 대해 사과드립니다.
I apologize for the mistake.
아이 어팔러좌이즈 포 더 미스테잌

미안해요, 어쩔 수 없었어요.
I'm sorry, I couldn't help it.
아임 쏘뤼 아이 쿠든트 헬핏

고의가 아닙니다.
I didn't mean it at all.
아이 디든트 미닛 앳 올

용서해 주십시오.
Please forgive me.
플리즈 포깁 미

저의 사과를 받아 주세요.
Please accept my apology.
플리즈 억셉트 마이 어팔러쥐

다시는 그런 일 없을 겁니다.
It won't happen again.
잇 워운트 해픈 어겐

괜찮습니다.
That's all right.
댓츠 올 롸잍

까짓 것 문제될 것 없습니다.
No problem.
노 프라블럼

Part 1

**일상생활
단어**

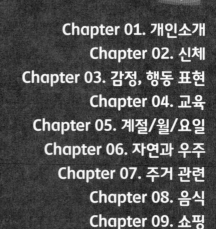

Chapter 01 개인소개

Unit 01 성별, 노소

여자 woman 워먼	**남자** man 맨	**노인** elderly person 앨들리 펄슨
중년 middle age 미들 에이쥐	**소년** boy 보이	**소녀** girl 걸
청소년 adolescent 애들레슨트	**임산부** pregnant woman 프레그넌 워먼	
어린이 child 촤일드	**미취학 아동** preschooler 프리스쿨러	
아기 baby 베이비		

Unit 02 가족

친가

친할아버지
paternal
grandfather
퍼터널 그랜파더

친할머니
paternal
grandmother
퍼터널 그랜마더

고모
aunt
앤트

고모부
uncle
엉클

큰아버지
uncle
엉클

큰어머니
aunt
앤트

작은아버지(삼촌)
uncle
엉클

숙모
aunt
앤트

아버지(아빠)
father, dad
파더, 댇

어머니(엄마)
mother, mom
마더, 맘

사촌형/사촌오빠/사촌남동생
cousin
커즌

사촌누나/사촌언니/사촌여동생
cousin
커즌

외가

외할아버지
maternal grandfather
머터널 그랜파더

외할머니
maternal grandmother
머터널 그랜마더

외삼촌
uncle
엉클

외숙모
aunt
앤트

이모
aunt
앤트

이모부
uncle
엉클

어머니(엄마)
mother, mom
마더, 맘

아버지(아빠)
father, dad
파더, 댇

사촌형/사촌오빠/사촌남동생
cousin
커즌

사촌누나/사촌언니/사촌여동생
cousin
커즌

가족

아버지(아빠)
father, dad
파더, 댇

어머니(엄마)
mother, mom
마더, 맘

언니/누나
elder sister
엘더 시스터

형부/매형/매부
brother-in-law
브라더인러

오빠/형
elder brother
엘더 브라더

새언니/형수
sister-in-law
시스터인러

남동생
younger brother
영거 브라더

제수/올케
sister-in-law
시스터인러

여동생
younger sister
영거 시스터

제부/매제
brother-in-law
브라더인러

나(부인)
I(wife)
아이(와잎)

남편
husband
허즈번드

여자조카
niece
니스

남자조카
nephew
네퓨

아들
son
썬

며느리
daughter-in-law
도러인러

딸 daughter 도러		**사위** son-in-law 썬인러	
손자 grandson 그랜썬		**손녀** granddaughter 그랜도러	

관련대화

A : 가족이 몇 명이에요?

How many people are there in your family?

하우 매니 피플 아 데어 인 유어 패밀리

B : 저의 가족은 다섯 명이에요.

There are five in my family.

데어 아 파이브 인 마이 패밀리

A : 가족이 많군요. 형제자매는 많으면 많을수록 좋은 거 같아요.

You have a large family. The more siblings you have, the better.

유 해버 라지 패밀리 더 모어 시블링 유 햅 더 베러

B : 네 맞아요. 저도 그렇게 생각해요.

Yes. I think so, too

예스 아이 씽 쏘 투

🐾 관련단어

외동딸	only daughter	온니 도러
외동아들	only son	온니 썬
결혼하다	marry	매뤼
이혼하다	divorce	디보스
신부	bride	브라이드
신랑	bridegroom	브라이드그룸
면사포	wedding veil	웨딩 베일
약혼	engagement	인게이쥐먼트
독신주의자	celibate	셀러뱉
과부	widow	위도우
기념일	anniversary	애니버써뤼
친척	relative	뤨러티브

Unit 03 삶(인생)

태어나다 be born 비 본	**백일** one hundredth day 원 헌드래쓰 데이
돌잔치 first-birthday party 펄스트 벌쓰데이 파리	**유년시절** childhood 촤일드후드
학창시절 one's school days 원스 스쿨 데이스	**첫눈에 반하다** love at first sight 러브 앳 펄스트 싸잍
삼각관계 eternal triangle 이터널 트롸이앵글	**이상형** ideal type 아이디얼 타잎
사귀다 go out 고 아웃	**연인** sweetheart 스윗할트
여자친구 girlfriend 걸프렌드	**남자친구** boyfriend 보이프렌드
이별 breakup 브레이컵	**재회** reunite 뤼유나이트

청혼
propose
프러포우즈

약혼하다
get engaged
겟 인게이쥐드

결혼하다
marry
매뤼

신혼여행
honeymoon
허니문

임신
pregnancy
프레그넌씨

출산
birth
벌쓰

득남하다
have a baby boy
해버 베이비 보이

득녀하다
have a baby girl
해버 베이비 걸

육아
parenting
페어런팅

학부모
parents
페어런츠

유언
will
윌

사망
death
데쓰

장례식
funeral
퓨너럴

천국에 가다
go to Heaven
고 투 헤븐

A : 제임스 씨는 살면서 언제가 제일 행복했나요?

James, when was the happiest time in your life?

제임스 웬 워즈 더 해피스트 타임 인 유어 라잎

B : 어렸을 때 바닷가 근처에 살았는데 그때가 가장 행복했어요.

When I was a child, I lived by the sea. At that time I had the happiest time in my life.

웬 아이 워즈 어 촤일드 아이 립트 바이 더 씨 앳 댓 타임 아이 해드 더 해피스트 타임 인 마이 라잎

관련단어

어린 시절	childhood	촤일드후드
미망인	widow	위도우
홀아비	widower	위도워
젊은	young	영
늙은	old	올드

Unit 04 직업

간호사
nurse
널스

약사
pharmacist
파머씨스트

의사
doctor
닥터

가이드
guide
가이드

선생님/교사
teacher
티쳐

교수
professor
프로페써

가수
singer
씽어

음악가
musician
뮤지션

화가
painter
페인터

소방관
fire fighter
파이어 파이터

경찰관
police officer
폴리스 오피서

공무원
civil servant
씨빌 써번트

요리사
cook
쿡

디자이너
designer
디자이너

승무원
flight attendant
플라잇 어텐던트

판사
judge
져지

검사
prosecutor
프로씨큐터

변호사
lawyer
러여

사업가
businessman
비즈니스맨

회사원
company employee
컴퍼니 임플로이

학생
student
스튜든트

운전기사
driver
드롸이버

농부
farmer
파머

가정주부
housewife
하우스와잎

작가
writer
롸이러

정치가
politician
폴리티션

세일즈맨
salesman
쎄일즈맨

미용사
hairdresser
헤어드레서

군인
soldier
솔져

은행원
bank clerk
뱅클럭

엔지니어
engineer
엔지니어

통역원
interpreter
인터프리러

비서
secretary
쎄크리터뤼

회계사
accountant
어카운턴트

이발사
barber
바버

배관공
plumber
플러머

수의사
veterinarian
베터내리언

건축가
architect
아키텍트

편집자
editor
에디더

성직자
cleric
클레뤽

심리상담사
psychology counselor
사이컬러지 카운슬러

형사
police detective
폴리스 디텍티브

방송국 PD
producer
프로듀써

카메라맨
cameraman
캐머러맨

예술가
artist
아리스트

영화감독
film director
퓜 디뤡터

영화배우 film actor 핌 액터	운동선수 athlete 애쓸릿
목수 carpenter 카펜터	프리랜서 freelancer 프리랜써

💕 관련대화

A : 당신의 직업은 무엇입니까?

What's your occupation?

왓츠 유어 어큐페이션

B : 저는 작가입니다.

I am a writer.

아임 어 롸이러

A : 어느 분야의 글을 쓰세요?

What kind of writing do you write?

왓 카인덥 롸이링 두 유 롸잇

B : 어린이 동화책을 쓰고 있어요.

I write children's story books.

아이 롸잇 췰드런스토리 북스

Unit 05 별자리

양자리
Aries
에뤼스

황소자리
Taurus
토러스

쌍둥이자리
Gemini
줴미나이

게자리
Cancer
캔써

사자자리
Leo
리오

처녀자리
Virgo
버고

천칭자리
Libra
리브러

전갈자리
Scorpio
스콜피오

사수자리
Sagittarius
사지테뤼어스

염소자리
Capricorn
캐프뤼콘

물병자리
Aquarius
어퀘뤼어스

물고기자리
Pisces
파이씨스

관련대화

A : 별자리가 어떻게 되세요?

What's your sign?

왓츠 유어 싸인

B : 제 별자리는 처녀자리입니다.

I'm a Virgo.

아임 어 버고

Unit 06 혈액형

A형	B형	O형	AB형
type A	type B	type O	type AB
타입 에이	타입 비	타입 오	타입 에이비

관련대화

A : 혈액형이 뭐예요?

What's your blood type?

왓츠 유어 블러드 타잎

B : 저는 O형입니다.

I am type O.

아임 타입 오

관련단어

피	blood	블러드
헌혈	blood donation	블러드 도네이션
혈소판	thrombocyte	쓰람버싸잍
혈관	blood vessel	블러드 베쓸
적혈구	red blood cell	뤠드 블러드 쎌

Unit 07 탄생석

가넷
garnet
가닛

자수정
violet quartz
바이얼럿 쿼츠

아쿠아마린
aquamarine
아쿼마륀

다이아몬드
diamond
다이어먼드

에메랄드
emerald
에머럴드

진주
pearl
펄

루비
ruby
루비

페리도트
peridot
페러닷트

사파이어
sapphire
싸파이어

오팔
opal
오우플

토파즈
topaz
토패즈

터키석
turquoise
터퀘이즈

관련대화

A : 탄생석이 뭐예요?

What is your birthstone?
왓 이즈 유어 벌쓰스톤

B : 제 탄생석은 사파이어입니다.

My birthstone is sapphire.
마이 벌쓰스톤 이즈 싸파이어

명랑한
cheerful
취어풀

상냥한
tender
텐더

친절한
kind
카인드

당당한
confident
컨피던트

야무진
hard
하드

고상한
noble
노블

대범한
free-hearted
프리허디드

눈치가 빠른
ready-witted
뤠디위디드

솔직한
straightforward
스트레잇포워드

적극적인
active
액티브

사교적인
sociable
쏘셔블

꼼꼼한
meticulous
머티큘러스

덜렁거리는
clumsy
클럼지

겁이 많은
cowardly
코워들리

보수적인
conservative
컨서버티브

개방적인
open
오픈

뻔뻔한
brazen
브레이즌

심술궂은
bad-tempered
배드템퍼드

긍정적인
positive
파저티브

부정적인
negative
네거티브

다혈질인
hot-tempered
핫템퍼드

냉정한
cold
코울드

허풍 떠는
bragging
브래깅

소심한
timid
티미드

소극적인
passive
패시브

너그러운
generous
줴너러스

겸손한
modest
마디스트

진실된
truthful
트루쓰풀

동정심이 많은 sympathetic 씸퍼쎄릭		인정이 많은 kindhearted 카인허디드	
버릇없는 ill-mannered 일매너드		잔인한 brutal 부르를	
거만한 proud 프라우드		유치한 childish 촤일디쉬	
내성적인 introverted 인트로버디드		외향적인 extroverted 엑스트로버디드	

♥ 관련대화

A : 성격이 어떠세요?

What kind of personality do you have?

왓 카인덥 퍼스낼러티 두 유 해브

B : 저는 명랑해요.

I am cheerful.

아이 앰 취어풀

🐾 관련단어

성향	tendency	텐던씨
기질	disposition	디스포지션
울화통	pent-up anger	펜텁 앵거
성격	character	캐랙터
인격	personality	퍼스낼리티
태도	attitude	애리튜드
관계	relationship	릴레이션쉽
말투	one's way of talking	원스 웨이 업 토킹
표준어	standard language	스탠다드 랭귀지
사투리	dialect	다이얼렉트

입장 바꿔 생각하다
be in a person's skin
비 인 어 퍼슨스킨

Unit 09 종교

천주교 Roman Catholicism 로만 캐톨릭시즘	**기독교** Christianity 크리스차니디
불교 Buddhism 붓디즘	**이슬람교** Islam 이슬람
유대교 Judaism 주대이즘	**무교** irreligion 이뤼리젼

관련대화

A : 종교가 어떻게 되세요?

What is your religion?

왓 이즈 유어 뤼리젼

B : 저는 천주교 신자예요.

I am a Catholic.

아임 어 캐톨릭

A : 어머, 저랑 같네요.

Oh, it's like me.

오 잇츠 라익 미

관련단어

성당	Catholic church	캐톨릭 췰취
교회	church	췰취
절	Buddhist temple	부디스트 템플
성서/성경	Bible	바이블
경전	Scriptures	스크립춰스
윤회, 환생	reincarnation	뤼인카네이션
전생	previous existence	프리비어스 이그지스턴스
성모마리아	the Virgin Mary	더 버진 매어뤼
예수	Jesus	지져스
불상	statue of the Buddha	스태튜 업 더 붓다
부처	Buddha	붓다
종교	religion	륄리젼
신부	priest	프뤼스트
수녀	nun	넌
승려	monk	몽크
목사	pastor	패스터

Chapter 02 신체

Unit 01 신체명

① 머리 head 헤드	② 눈 eye 아이	③ 코 nose 노우즈
④ 입 mouth 마우쓰	⑤ 이 tooth 투쓰	⑥ 귀 ear 이어
⑦ 목 neck 넥	⑧ 어깨 shoulder 숄더	⑨ 가슴 chest 췌스트
⑩ 배 stomach 스터먹	⑪ 손 hand 핸드	⑫ 다리 leg 레그
⑬ 무릎 knee 니	⑭ 발 foot 풑	

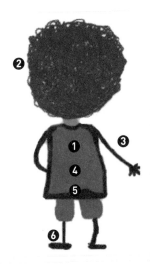

① 등
back
백

② 머리카락
hair
헤어

③ 팔
arm
암

④ 허리
waist
웨이스트

⑤ 엉덩이
hip
힙

⑥ 발목
ankle
앵클

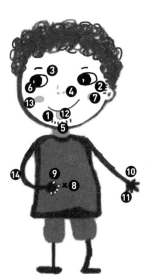

① 턱수염
beard
비어드

② 구레나룻
sideburn
사이드번

③ 눈꺼풀
eyelid
아이리드

④ 콧구멍
nostril
너스트럴

⑤ 턱
jaw
줘

⑥ 눈동자
pupil
퓨플

목구멍
throat
쓰롵

⑦ 볼/뺨
cheek
췤

45 ●

⑧ 배꼽 navel 네이블	⑨ 손톱 nail 네일	⑩ 손목 wrist 뤼스트	⑪ 손바닥 palm 팜
⑫ 혀 tongue 텅	⑬ 피부 skin 스킨	⑭ 팔꿈치 elbow 엘보우	

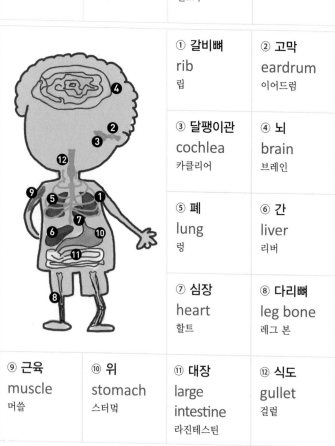

① 갈비뼈 rib 립	② 고막 eardrum 이어드럼
③ 달팽이관 cochlea 카클리어	④ 뇌 brain 브레인
⑤ 폐 lung 렁	⑥ 간 liver 리버
⑦ 심장 heart 할트	⑧ 다리뼈 leg bone 레그 본

⑨ 근육 muscle 머쓸	⑩ 위 stomach 스터먹	⑪ 대장 large intestine 라진테스틴	⑫ 식도 gullet 걸럿

관련대화

A : 어디 불편하세요?
   Is there something wrong?
   이즈 데어 썸씽 륑

B : 머리가 아파요.
   I have a headache.
   아이 해버 해데익

A : 아픈 지 얼마나 되셨어요?
   How long have you been sick?
   하우 롱 해뷰 빈 씩

B : 한 시간 정도 된 거 같아요.
   It's been an hour.
   잇츠 비넌 아우어

관련단어

건강한	healthy	헬씨
근시	near-sightedness	니어 싸이디드니스
난시	astigmatism	어스티그머티즘
대머리	bald head	볼드헤드
동맥	artery	아터뤼
정맥	vein	베인
맥박	pulse	펄스
체중	weight	웨잍

세포	cell	쎌
소화하다	digest	다이제스트
시력	eyesight	아이싸잍
주름살	wrinkles	링클스
지문	fingerprint	핑거프린트

호랑이 굴에 들어가야
호랑이를 잡는다.

Nothing ventured,
nothing gained.

낫씽 벤춰드 낫씽 게인드

Unit 02 병명

천식
asthma
애즈머

고혈압
high blood pressure
하이 블러드 프뤠셔

소화불량
indigestion
인디제스션

당뇨병
diabetes
다이아비디스

생리통
menstrual pain
멘스트럴 페인

알레르기
allergy
앨러쥐

심장병
heart disease
할트 디지스

맹장염
appendicitis
어펜디사이디스

위염
gastritis
게스트롸이디스

배탈
stomachache
스터먹에잌

감기
cold
코울드

설사
diarrhea
다이어리어

장티푸스
typhoid
타이포이드

결핵
tuberculosis
투버큘러시스

고산병
mountain sickness
마운튼 씩니스

광견병
rabies
뤠이비스

뎅기열
dengue fever
덴기 피버

저체온증
hypothermia
하이포써미아

폐렴
pneumonia
누모우니어

식중독
food poisoning
푸드 포이즈닝

기관지염
bronchitis
브랑카이디스

열사병
heatstroke
힛스트롴

치통
toothache
투쎄잌

간염
hepatitis
헤퍼타이디스

고열
high fever
하이 피버

골절
fracture
프랙춰

기억상실증
amnesia
앰니지어

뇌졸중
apoplexy
애퍼플랙씨

독감
flu
플루

두통
headache
헤데잌

마약중독
drug addiction
드럭 애딕션

불면증
insomnia
인썸니아

비만
obesity
오비써티

거식증
anorexia
애너뤡시아

우두
cowpox
카우팍스

암
cancer
캔써

천연두
smallpox
스몰팍스

빈혈
anemia
어니미어

🫶 관련대화

A : 요즘은 불면증으로 너무 힘들어요.
I am so tired of insomnia these days.
아이 앰 쏘 타이어드 업 인썸니아 디즈 데이즈

B : 저도 그런데 밤마다 우유를 따뜻하게 데워 먹어보세요.
Me too. Eat warm milk every night.
미 투 잇 웜 밀크 에브뤼 나잍

A : 좋은 정보 고마워요.
Thanks for the good information.
쌩쓰 포 더 굿 인포메이션

가래	phlegm	플램
침	spit	스핕
열	fever	피버
여드름	pimple	핌플
블랙헤드	blackhead	블랙헤드
알레르기 피부	allergic skin	앨러직 스킨
콧물이 나오다	have a runny nose	해버 뤄니 노우즈
눈물	tear	티어
눈곱	sleep	슬맆
치질	hemorrhoids	해머로이즈
모공	pore	포어
각질	dead skin cell	데드 스킨 쎌
피지	sebum	씨범
코딱지	booger	부거

Unit 03 약명

아스피린
aspirin
애스피륀

소화제
digestive medicine
다이제스티브 메디슨

제산제
antacid
앤태씨드

반창고
adhesive bandage
앳히씨브 밴디쥐

수면제
sleeping pill
슬리핑 필

진통제
pain reliever
/ analgesic
페인 륄리버 / 애널쥐직

해열제
fever reducer
/ antipyretic
피버 뤼듀써 / 안티페이뤠틱

멀미약
motion sickness
reliever
모션 씨니스 륄리버

기침약
cough medicine
콥 메디슨

지혈제
styptic
스팁틱

소염제
anti inflammatory
drug
앤티 인플래머토뤼 드럭

소독약
antiseptic
앤티셉틱

변비약 laxative 렉써티브		안약 eye lotion 아이 로션	
붕대 bandage 밴디쥐		지사제 antidiarrheal 앤티다이어리얼	
감기약 cold medicine 코올드 메디슨		비타민 vitamin 바이러민	
영양제 nutrient 누트뤼언트		무좀약 athlete's foot ointment 애쓸릿스 풋 오인먼트	

🐾 관련대화

A : 눈에 뭐가 들어갔어요. 안약 주세요.

Something got into my eyes. I need eye lotion.

썸씽 갓 인투 마이 아이즈 아이 니드 아이 로션

B : 여기 있습니다.

Here it is.

히어 잇 이즈

🫀 관련단어

건강검진	medical check-up	메디컬 체컵
내과의사	physician	피지션
노화	aging	에이징
면역력	immunity	이뮤니디
백신(예방)접종	vaccination	백쎄네이션
병실	sickroom	씩룸
복용량	dosage	도시지
부상	injury	인줘리
부작용	side effect	싸이드 이펙트
산부인과 의사	obstetrician	업스터트리션
낙태	abortion	어보션
소아과 의사	children's doctor	칠드런스 닥터
식욕	appetite	애피타잍
식이요법	diet	다이엍
수술	surgery	써저리
외과의사	surgeon	써전
치과의사	dentist	덴티스트
약국	pharmacy	파머씨
약사	pharmacist	파머씨스트
의료보험	medical insurance	메디컬 인슈런스
이식하다	transplant	트랜스플랜트
인공호흡	artificial breathing	아티피셜 브뤼딩

종합병원	general hospital	줴너럴 하스피럴
침술	acupuncture	애큐펑춰
중환자실	intensive care unit	인텐시브 케어 유닡
응급실	emergency room	이머젼시 룸
처방전	prescription	프뤼스크륍션
토하다	throw up	쓰로우 업
어지러운	dizzy	디지
속이 메스꺼운	nauseous	너셔스

알을 까기도 전에 병아리를 셈하지
말라.(김칫국부터 마시지 말라.)
Don't count your chickens
before they are hatched.
돈 카운트 유어 취킨스 비포 데이 아 해취드

Unit 04 생리현상

트림 burp 벌		**재채기** sneeze 스니즈		**한숨** sigh 싸이	
딸꾹질 hiccup 히껍		**하품** yawning 야닝		**눈물** tear 티어	
대변 feces 피씨즈		**방귀** fart 파트		**소변** urine 유린	

관련대화

A : 에취! 감기가 들었는지 계속 재채기와 콧물이 나와.

　　Ahchoo! I think I've got a cold. I have a sore sneeze
　　and a runny nose.

　　에취! 아이 씽크 아입 가더 코울드 아이 해버 쏘 스니즈 애너 뤄니 노우즈

B : 병원에 당장 가보렴.

　　You'd better go to the hospital right now.

　　유드 베러 고 투 더 하스피럴 롸잇 나우

Chapter 03 감정, 행동 표현

Unit 01 감정

기분 좋은 delightful 딜라잇풀	흥분한 excited 익싸이디드	재미있는 funny 퍼니
행복한 happy 해피	즐거운 pleasant 플리즌트	좋은 good 굳
기쁜 glad 글래드	힘이 나는 encouraged 인커리쥐드	자랑스러운 proud 프롸우드
짜릿한 thrilled 쓰릴드	감격한 deeply moved 딥플리 뭅드	부끄러운 ashamed 어쉐임드
난처한 embarrassed 임베러스드	외로운 lonely 론니	관심 없는 uninterested 언인터뤠스티드

화난
angry
앵그뤼

무서운
scary
스케뤼

불안한
uneasy
어니지

피곤한
tired
타이어드

불쾌한
unpleasant
언플리즌트

괴로운
distressed
디스트뤠스드

지루한
bored
볼드

슬픈
sad
새드

원통한
mortified
몰티파이드

비참한
miserable
미져블

짜증 나는
annoyed
어노이드

초조한
fretful
프렛풀

무기력한
spiritless
스피릿러스

불편한
uncomfortable
언컴퍼터블

놀란 surprised 서프라이즈드		**질투하는** jealous 젤러스	
사랑하다 love 러브		**싫어하다** hate 헤잇	
행운을 빕니다 Lots of luck 랏쵸브 럭		**고마워요** Thank you 쌩큐	

관련대화

A : 저는 지금 흥분했어요. 비가 오면 저는 항상 흥분해요.

I'm excited now. I'm always excited when it rains.
아임 익싸이디드 나우 아임 얼웨이즈 익싸이디드 웬 잇 뤠인즈

B : 그래요? 저는 비가 오면 짜증나요.

Are you? I'm annoyed when it rains.
아 유? 아임 어노이드 웬 잇 뤠인즈

A : 그래요? 저와는 정반대군요.

Are you? I'm exactly the opposite.
아 유? 아임 이그잭틀리 디 오퍼짓

Unit 02 칭찬

멋져요
Great!
그레잍

훌륭해요
Excellent!
엑썰런트

굉장해요
Awesome!
어썸

대단해요
Wonderful!
원더풀

귀여워요
Cute!
큐트

예뻐요
Pretty!
프리디

아름다워요
Beautiful!
뷰리풀

최고예요
Best!
베스트

참 잘했어요
Good job!
굿 쫍

관련대화

A : 당신은 정말 귀여워요.

   You are so cute.
   유 아 쏘 큐트

B : 고마워요. 당신은 정말 멋져요♭

   Thanks. You are very nice.
   쌩스 유 아 베뤼 나이스

Unit 03 행동

세수하다 wash one's face 와쉬 원스 페이스	**청소하다** clean 클린
자다 sleep 슬맆	**일어나다** wake up 웨이컵
빨래하다 wash 와쉬	**먹다** eat 잍
마시다 drink 드링크	**요리하다** cook 쿡
설거지하다 do the dishes 두 더 디쉬스	**양치질하다** brush one's teeth 브뤄쉬 원스 티쓰
샤워하다 shower 샤워	**옷을 입다** wear 웨어

옷을 벗다
take off
테이커프

쓰레기를 버리다
throw away
garbage
쓰로 어웨이 가비쥐

창문을 열다
open a window
오픈 어 윈도우

창문을 닫다
close a window
클로즈 어 윈도우

불을 켜다
turn
on the light
턴 온 더 라잍

불을 끄다
turn
off the light
턴 오프 더 라잍

오다
come
컴

가다
go
고

앉다
sit
싵

서다
stand
스탠드

걷다
walk
워크

달리다
run
뤈

놀다
play
플레이

일하다
work
워크

웃다
laugh
랲

울다
cry
크라이

나오다
come out
컴 아웃

들어가다
enter
엔터

묻다
ask
애스크

대답하다 answer 앤써	멈추다 stop 스탑	움직이다 move 무브
올라가다 go up 고 엎	내려가다 go down 고 다운	박수 치다 clap 클랲
찾다 find 파인드	흔들다 shake 쉐익	춤추다 dance 댄스
뛰어오르다 jump 점프	넘어지다 fall 펄	읽다 read 뤼드
싸우다 fight 파잍 		말다툼하다 quarrel 쿼럴
인사 greeting 그뤼딩		대화 conversation 컨버쩨이션
쓰다 write 롸잍	던지다 throw 쓰로우	잡다 catch 캐취

🐾 관련대화

A : 주말에는 주로 뭐하세요?

What do you usually do on weekends?

왓 두 유 유절리 두 온 위켄즈

B : 저는 친구를 위해 저녁을 요리하고 청소를 해요.

I cook dinner for my friend and clean the house.

아이 쿡 디너 포 마이 프렌드 앤 클린 더 하우스

🐾 관련단어

격려하다	encourage	인커리쥐
존경하다	respect	뤼스펙트
지지하다	support	써폿
주장하다	insist	인씨스트
추천하다	recommend	뤠커멘드
경쟁하다	compete	컴핕
경고하다	warn	원
설득하다	persuade	퍼쉐이드
찬성하다	agree	어그뤼
반대하다	oppose	어포우스
재촉하다	push	푸쉬
관찰하다	observe	업져브
상상하다	imagine	이매쥔

기억하다	remember	뤼멤버
후회하다	regret	뤼그뤳
약속하다	promise	프라미스
신청하다	request	뤼퀘스트
비평하다	criticize	크리티싸이즈
속삭이다	whisper	위스퍼
허풍을 떨다	brag	브래그
의식하는	conscious	컨셔스
추상적인	abstract	앱스트랙트

열 길 물속은 알아도 한 길 사람 속은 모른다.

Men and melons are hard to know

멘 앤 멜론스 아 하드 투 노우

Unit 04 인사

안녕하세요
How are you?
하와 유

아침인사(안녕하세요)
Good morning.
굿 모닝

점심인사(안녕하세요)
Good afternoon.
굿 애프터눈

저녁인사(안녕하세요)
Good evening.
굿 이브닝

처음 뵙겠습니다
How do you do?
하우 두 유 두

만나 뵙고 싶었습니다
I wanted to see you.
아이 워니드 투 씨 유

잘 지내셨어요
How have you been?
하우 해뷰 빈

만나서 반갑습니다
Nice to meet you.
나이스 투 미츄

오랜만이에요
It's been a long time.
잇츠 빈 어 롱 타임

안녕히 가세요
Good bye.
굿 바이

또 만나요
See you again.
씨 유 어겐

안녕히 주무세요
Good night.
굿 나잇

A : 안녕하세요.

Hi, how are you?

하이 하와 유

B : 네, 안녕하세요. 잘 지내셨죠?

Hi, how have you been?

하이 하우 해뷰 빈

A : 네, 잘 지냈어요. 어디 가시는 길이에요?

Pretty good. Where are you going?

프리디 굳 웨어 아 유 고잉

B : 잠시 일이 있어서 나가는 길이에요.

I'm going out for a while because of the work.

아임 고잉 아웃 포러 와일 비코우즈 업 더 워크

A : 네, 그럼 다음에 뵐게요.

I see, I'll see you next time.

아이 씨 아윌 씨 유 넥스트 타임

Unit 05 축하

생일 축하합니다
Happy birthday.
해피 벌쓰데이

결혼 축하합니다
Congratulations
on your marriage.
콩그뤠츄레이션스 온 유어 매뤼쥐

합격 축하합니다
Congratulations
on passing.
콩그뤠츄레이션스 온 패씽

졸업 축하합니다
Congratulations
on your graduation.
콩그뤠츄레이션스 온 유어 그레쥬레이션

명절 잘 보내세요
Have a good holiday.
해버 굿 할러데이

새해 복 많이 받으세요
Happy New Year.
해피 뉴 이어

즐거운 성탄절 되세요
Merry Christmas.
메뤼 크리스마스

관련대화

A : 졸업 축하해요.

Congratulations on your graduation.
콩그뤠츄레이션스 온 유어 그레쥬레이션

B : 감사합니다. 제인 씨도 시험 합격 축하합니다.

Thanks, Jane. Congratulations on passing the exam.
땡스 제인 콩그뤠츄레이션스 온 패씽 디 이그잼

Chapter 04 교육

Unit 01 학교

유치원
kindergarten
킨더가든

초등학교
primary school
프라이메뤼 스쿨

중학교
middle school
미들 스쿨

고등학교
high school
하이 스쿨

대학교
university
유니버씨리

학사
bachelor
배첼러

석사
master
매스터

박사
doctor
닥터

대학원
graduate school
그레쥬에잇 스쿨

관련대화

A : 자녀가 몇 살이에요?
How old is your child?
하우 올드 이즈 유어 촤일드

B : 19살이에요. 내년에 대학에 들어가요.
19 years old. He's going to college next year.
나인틴 이얼스 올드 히즈 고잉 투 컬리쥐 넥스트 이어

A : 어머, 고3 학부모군요. 많이 힘드시겠어요.
Oh, your child is in the third grade in high school. You
would have a lot of trouble.
오 유어 촤일드 이즈 인 더 써드 그뤠이드 인 하이 스쿨 유 우드 해버라러브 트러블

B : 네, 그래도 아이가 저보다 더 힘들겠죠.
Yes, but he is harder than me.
예스 벗 히 이즈 하더 댄 미

관련단어

학원	institute	인스티튜트
공립학교	public school	퍼블릭 스쿨
사립학교	private school	프라이빗 스쿨
교장	principal	프륀써플
학과장	dean	딘
신입생	freshman	프레쉬맨
학년	grade	그뤠이드

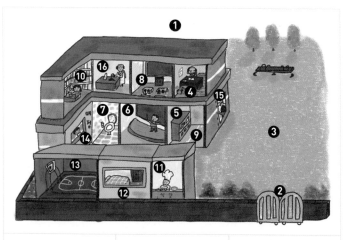

① 교정 campus 캠퍼스	② 교문 school gate 스쿨 게잍	③ 운동장 playground 플레이그롸운드
④ 교장실 principal's office 프륀써플소피스	⑤ 사물함 locker 라커	⑥ 강의실 lecture room 렉춰 룸
⑦ 화장실 toilet 토일렅	⑧ 교실 classroom 클래스룸	⑨ 복도 hallway 홀웨이

⑩ **도서관**
library
라이브러뤼

⑪ **식당**
cafeteria
카페테뤼아

⑫ **기숙사**
dormitory
도미터뤼

⑬ **체육관**
gym
쥠

⑭ **매점**
cafeteria
카페테뤼아

⑮ **교무실**
teacher's
room
티춰스 룸

⑯ **실험실**
laboratory
래브러토뤼

💬 관련대화

A : 이 학교는 교정이 너무 예쁜 거 같아요.
   I think this school have beautiful campus.
   아이 씽크 디스쿨 해브 뷰리풀 캠퍼스

B : 그죠. 저는 이 학교 출신이에요. 그땐 우리 학교가 이렇게 예쁜
   지 몰랐어요.
   I think so, too. I am from this school. I didn't know my
   school was so pretty at that time.
   아이 씽크 쏘 투 아이 앰 프럼 디스쿨 아이 디든 노우 마이 스쿨 웠쏘 프리디 앳 댓 타임

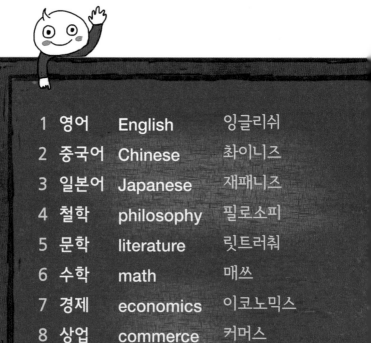

1	영어	English	잉글리쉬
2	중국어	Chinese	챠이니즈
3	일본어	Japanese	재패니즈
4	철학	philosophy	필로소피
5	문학	literature	릿트러춰
6	수학	math	매쓰
7	경제	economics	이코노믹스
8	상업	commerce	커머스
9	기술	technology	테크널리쥐
10	지리	geography	쥐아그래피

11	건축	architecture	아키텍춰
12	생물	biology	바이얼러쥐
13	화학	chemistry	케미스트뤼
14	천문학	astronomy	어스트로너미
15	역사	history	히스토뤼
16	법률	law	러
17	정치학	politics	팔러틱스
18	사회학	sociology	쏘씨얼리쥐

19	음악	music	뮤직
20	체육	physical education(PE)	피지컬 에듀케이션
21	윤리	ethics	에씩스
22	물리	physics	피직스
23	받아쓰기	dictation	딕테이션
24	중간고사	mid-term exam	미드텀 이그잼
25	기말고사	final exam	파이널 이그잼
26	장학금	scholarship	스칼러쉽
27	입학	admission	어드미션

28	졸업	graduation	그래쥬에이션
29	숙제	homework	홈워크
30	시험	test	테스트
31	논술	essay	에쎄이
32	채점	marking	마킹
33	전공	major	메이져
34	학기	semester	씨메스터
35	등록금	tuition	투이션
36	컨닝	cheating	취딩

🐾 관련대화

A : 제일 좋아하는 과목이 뭐예요?

What is your favorite subject?

왓 이즈 유어 페이버릿 써브젝트

B : 저는 수학을 좋아해요.

I like math.

아이 라익 매쓰

귀한 자식 매 한 대 더 때린다.

Spare the rob and spoil the child

스페어 더 롭 앤 스포일 더 촤일드

Unit 04 학용품

공책(노트)
notebook
놋북

지우개
eraser
이뤠이써

볼펜
ball-point pen
볼포인트 펜

연필
pencil
펜쓸

노트북
notebook
놋북

책
book
북

칠판
blackboard
블랙보드

칠판지우개
blackboard eraser
블랙보드 이뤠이써

필통
pencil case
펜쓸 케이스

샤프
mechanical pencil
매커니컬 펜쓸

색연필
colored pencil
컬러드 펜쓸

압정
tack
택

만년필
fountain pen
파운튼 펜

클립
clip
클맆

연필깎이
pencil sharpener
펜쓸 샤프너

| **크레파스**
pastel crayon
파스텔 크뤠용 | **화이트**
correction fluid
커뤡션 플루이드 |

| **가위**
scissors
씨저스 | **풀**
glue
글루 | **물감**
paint
페인트 |

| **잉크**
ink
잉크 | **자**
ruler
룰러 |

| **스테이플러**
stapler
스테플러 | **스케치북**
sketchbook
스케치북 |

| **샤프심**
lead
레드 | **칼**
utility knife
유틸리디 나잎 |

| **파일**
file
파일 | **매직펜**
marker pen
마커 펜 |

| **사인펜**
felt-tip pen
펠팁 펜 | **형광펜**
highlighter
하이라이러 |

테이프
tape
테잎

콤파스
compass
컴퍼스

관련대화

A : 볼펜 좀 빌려줄래요?

Can you lend me a ball-point pen?
캔 유 렌드 미 어 볼포인트 펜

B : 여기 있습니다. 쓰시고 나서 꼭 돌려주세요.

Here it is. Please return after using.
히어 잇 이즈 플리즈 뤼턴 애프터 유징

A : 알겠어요.

All right.
올 롸잍

아니 땐 굴뚝에 연기 나랴.
There's no smoke without fire.
데어스 노 스모크 위다웃 파이어

Unit 05 부호

더하기 plus 플러스	**빼기** minus 마이너스	**나누기** divide 디바이드
곱하기 times 타임즈	**크다/작다** greater/less 그레이러/레스	**같다** equal 이퀄
마침표 period 피뤼어드	**느낌표** exclamation mark 익스클러메이션 막	**물음표** question mark 퀘스쳔 막
하이픈 hyphen 하이픈	**콜론** colon 콜런	**세미콜론** semicolon 쎄미콜런
따옴표 quotation marks 쿼테이션 막스	**생략기호** ellipsis 일립시즈	**at/골뱅이** at 앳
루트 square root 스퀘어 룰	**슬러쉬** forward slash 포워드 슬래쉬	

💗 관련대화

A : 10 빼기 9는 얼마인가요?

How much is 10 minus 9?

하우 머취즈 텐 마이너스 나인

B : 10 빼기 9는 1입니다.

10 minus 9 is 1.

텐 마이너스 나인 이즈 원

A : 그럼 4 나누기 2는 얼마인가요?

And then, how much is 4 divided by 2?

앤 댄 하우 머취즈 포 디바이디드 바이 투

B: 4 나누기 2는 2입니다.

4 divided by 2 equals 2.

포 디바이디드 바이 투 이퀄스 투

Unit 06 도형

정사각형 square 스퀘어		**삼각형** triangle 트롸이앵글	
원 circle 써클		**사다리꼴** trapezoid 트뤠퍼줘이드	
원추형 cone 콘		**다각형** polygon 팔리간	
부채꼴 sector 쎅터		**타원형** oval 오블	
육각형 hexagon 핵써간		**오각형** pentagon 펜터간	
원기둥 cylinder 씰린더		**평행사변형** parallelogram 패럴렐러그뢤	
각뿔 pyramid 피러미드			

🐾 관련대화

A : 삼각형의 세 각의 합은 몇 도인가요?

How much is the sum of the three angles of the triangle?

하우 머취즈 더 써모브 더 쓰리 앵글쏘브 더 트롸이앵글

B : 답은 180도입니다.

The answer is 180 degrees.

디 앤써 이즈 원헌드뤠드에이리 디그리스

A : 그럼, 무엇을 정사각형이라고 하나요?

So, what is called a square?

쏘 왓 이즈 콜더 스퀘어

B : 네 변의 길이가 같은 사각형을 정사각형이라고 합니다.

A rectangle with the same length on all four sides is called a square.

어 뤽탱글 위드 더 쌔임 렝쓰 온 올 포 싸이지즈 콜더 스퀘어

A : 맞습니다. 정말 똑똑하네요.

Right. You are really smart.

롸잍 유 아 륄리 스맡

영 zero 지로우	**하나** one 원	**둘** two 투
셋 three 쓰리	**넷** four 포	**다섯** five 파이브
여섯 six 씩스	**일곱** seven 쎄븐	**여덟** eight 에잍
아홉 nine 나인	**열** ten 텐	**이십** twenty 투웬티
삼십 thirty 써리	**사십** forty 포리	**오십** fifty 핍티
육십 sixty 씩스터	**칠십** seventy 쎄븐디	**팔십** eighty 에이리
구십 ninety 나인디	**백** hundred 헌드뤠드	**천** thousand 싸우전드

만
ten thousand

텐 싸우전드

십만
hundred thousand
헌드뤠드 싸우전드

백만
million

밀리언

천만
ten million

텐 밀리언

억
hundred million
헌드뤠드 밀리언

조
trillion

트륄리언

관련대화

A : 미국인은 어떤 숫자를 좋아하나요?

What number do American people like?

왓 넘버 두 어메뤼칸 피플 라익

B : 미국인은 7을 좋아해요.

Americans like 7.

어메뤼칸스 라익 쎄븐

A : 왜 7을 좋아하죠?

Why do they like 7?

와이 두 데이 라익 쎄븐

B : 행운을 가져다주는 숫자라고 여겨진대요.

It is said that number 7 brings the luck.

잇 이즈 세드 댓 넘버 쎄븐 브링스 더 럭

국어국문학과
department of Korean language and literature
디팟먼 업 코뤼안 랭귀지 앤 리터러춰

영어영문학과
department of English language and literature
디팟먼 업 잉글리쉬 랭귀지 앤 리터러춰

경영학과
department of business administration
디팟먼 업 비즈니스 어드미니스트뤠이션

정치외교학과
department of political science and international relations
디팟먼 업 팔리티컬 싸이언스 앤 인터내셔널 뤼레이션스

신문방송학과
department of mass communication
디팟먼 업 매스 커뮤니케이션

법학과
department of law
디팟먼 업 러

전자공학과
department of electronic engineering
디팟먼 업 일렉트로닉 엔지니륑

컴퓨터공학과
department of computer engineering
디팟먼 업 컴퓨러 엔지니륑

물리학과
department of physics
디팟먼 업 피직스

의학과
department of medicine
디팟먼 업 메디슨

간호학과
department
of nursing
디팟먼 업 널씽

약학과
department
of pharmacy
디팟먼 업 파머씨

💕 관련대화

A : 당신은 무슨 학과인가요?

What's your department in university?
왓츠 유어 디팟먼 인 유니버씨리

B : 저는 영어영문학과예요.

I'm in the department of English language and
literature.
아임 인 더 디팟먼 업 잉글리쉬 랭귀지 앤 리터러춰

A : 전공은 무엇인가요?

What's your major?
왓츠 유어 메이져

B : 저는 영문학을 전공해요.

I major in English literature.
아이 메이져 인 잉글리쉬 리터러춰

Chapter 05 계절/월/요일

Unit 01 계절

봄 spring 스프링		**여름** summer 써머	
가을 fall 펄		**겨울** winter 윈터	

관련대화

A : 지금은 무슨 계절입니까?
   What season is it now?
   왓 씨즌 이즈 잇 나우

B : 지금은 봄입니다.
   It is spring.
   잇 이즈 스프링

Unit 02 요일

월요일
Monday
먼데이

화요일
Tuesday
투스데이

수요일
Wednesday
웬즈데이

목요일
Thursday
썰스데이

금요일
Friday
프라이데이

토요일
Saturday
쌔러데이

일요일
Sunday
썬데이

관련대화

A : 오늘은 무슨 요일인가요?

　　What day is it today?
　　왓 데이 이즈 잇 투데이

B : 오늘은 수요일입니다.

　　It is Wednesday.
　　잇 이즈 웬즈데이

Unit 03 월

1월 January 재뉴어뤼	**2월** February 페브뤄뤼	**3월** March 마취
4월 April 에이프럴	**5월** May 메이	**6월** June 준
7월 July 줄라이	**8월** August 어거스트	**9월** September 셉템버
10월 October 악토버	**11월** November 노벰버	**12월** December 디쎔버

1일	2일	3일	4일
first	second	third	fourth
펄스트	쎄컨드	써드	폴쓰

5일	6일	7일	8일
fifth	sixth	seventh	eighth
핍쓰	씩쓰	쎄븐쓰	에잇쓰

9일	10일	11일	12일
ninth	tenth	eleventh	twelfth
나인쓰	텐쓰	일레븐쓰	트웰프쓰

13일	14일	15일	16일
thirteenth	fourteenth	fifteenth	sixteenth
썰틴쓰	폴틴쓰	핍틴쓰	씩스틴쓰

17일	18일	19일	20일
seventeenth	eighteenth	nineteenth	twentieth
쎄븐틴쓰	에이틴쓰	나인틴쓰	트웬티쓰
21일	22일	23일	24일
twenty first	twenty second	twenty third	twenty fourth
트웬티 펄스트	트웬티 쎄컨드	트웬티 써드	트웬티 폴쓰
25일	26일	27일	28일
twenty fifth	twenty sixth	twenty seventh	twenty eighth
트웬티 핍쓰	트웬티 씩쓰	트웬티 쎄븐쓰	트웬티 에잇쓰
29일	30일	31일	
twenty ninth	thirtieth	thirty first	
트웬티 나인쓰	썰티쓰	썰티 펄스트	

💟 관련대화

A : 오늘은 몇 월 며칠인가요?
What's the date today?
왓츠 더 데잇 투데이

B : 오늘은 1월 10일입니다.
Today is January 10th.
투데이 이즈 재뉴어뤼 텐쓰

관련단어

달력	calendar	캘린더
다이어리	diary	다이어뤼
노동절	Labor Day	레이버 데이
크리스마스	Christmas	크리스머스
추수감사절	Thanksgiving Day	땡스기빙 데이
국경일	national holiday	내셔널 헐러데이

새벽
dawn
던

아침
morning
모닝

오전
morning
모닝

점심
lunch
런취

오후
afternoon
애프터눈

저녁
evening
이브닝

밤
night
나잍

시
hour
아우어

분
minute
미닡

초
second
쎄컨드

어제
yesterday
예스터데이

오늘
today
투데이

내일
tomorrow
투마로우

내일모레
day after tomorrow
데이 애프터 투마로우

하루
day
데이

A : 제임스는 언제 한국에 놀러오나요?

When will James come to Korea?

웬 윌 제임스 컴 투 코뤼아

B : 내일 한국에 와요.

He is coming to Korea tomorrow.

히 이즈 커밍 투 코뤼아 투마로우

A : 몇 시 도착 예정인가요?

What time is he arriving?

왓 타임 이즈 히 어롸이빙

B : 오후 3시 30분 도착 예정이에요.

He is arriving at 3:30 P.M.

히 이즈 어롸이빙 앳 쓰리 써리 피엠

A : 한국에 얼마나 머무르나요?

How long will he stay in Korea?

하우 롱 윌 히 스테이 인 코리아

B : 일주일 머물러요.

He will stay for a week.

히 윌 스테이 포러윅

A : 알겠습니다. 그럼 제가 식사 대접을 한번 할게요.

Okay. Then I'll treat him to a meal.

오케이 덴 아일 트륏 힘 투 어 밀

지난주	last week	래스트 윅
이번 주	this week	디스 윅
다음 주	next week	넥스트 윅
일주일	a week	어 윅
한 달	a month	어 먼쓰
일 년	a year	어 이어

건강한 신체에 건강한 정신이 깃든다.
A sound mind in a sound body.
어 사운드 마인드 이너 사운드 바디

Chapter 06 자연과 우주

Unit 01 날씨 표현

맑은 clear 클리어	**따뜻한** warm 웜	**화창한** sunny 써니
더운 hot 핫	**흐린** cloudy 클라우디	**안개 낀** foggy 퍼기
습한 humid 휴미드		**시원한** cool 쿨
쌀쌀한 chilly 칠리		**추운** cold 코울드
장마철 rainy season 뤠이니 씨즌		**천둥** thunder 썬더

번개
lightning
라잇닝

태풍
typhoon
타이푼

비가 오다
rain
뤠인

비가 그치다
rain stops
뤠인 스탑스

무지개가 뜨다
rainbow rises
뤠인보우 롸이지즈

바람이 불다
wind blows
윈드 블로우즈

눈이 내리다
snow
스노우

얼음이 얼다
ice forms
아이스 폼즈

서리가 내리다
frost falls
프뤄스트 펄스

🎵 관련대화

A : 내일 날씨는 어때요?

How is the weather tomorrow?
하우스 더 웨더 투마로우

B : 내일은 화창해요.

Tomorrow is sunny.
투마로우 이즈 써니

해 sun 썬		**구름** cloud 클라우드	
비 rain 뤠인		**바람** wind 윈드	
눈 snow 스노우		**고드름** icicle 아이씨클	
별 star 스타		**달** moon 문	
우주 space 스페이스		**우박** hail 헤일	
홍수 flood 플러드		**가뭄** drought 드라웉	
지진 earthquake 얼쓰퀘익		**자외선** ultraviolet rays 울트롸바이얼럿 뤠이즈	

열대야
tropical night
트로피컬 나잍

오존층
ozone layer
오우존 레이어

화산(화산폭발)
volcano(volcanic eruption)
벌케이노(벌케닉 이럽션)

관련대화

A : 오늘 날씨는 어때요?

　　How is the weather today?
　　하우 이즈 더 웨더 투데이

B : 오늘은 비가 와요.

　　It rains today.
　　잇 뤠인스 투데이

관련단어

토네이도	tornado	토네이도
고기압	high atmospheric pressure	하이 앳머스페릭 프뤠셔
한랭전선	cold front	콜드 프런트
온도	temperature	템퍼춰
한류	cold current	콜드 커런트

난류	warm current	웜 커런트
저기압	low atmospheric pressure	로 앳머스페릭 프뤠셔
일기예보	weather forecast	웨더 퍼캐스트
계절	season	씨즌
화씨	Fahrenheit	페런하잍
섭씨	Celsius	쎌시어스
연무	smog	스모그
아지랑이	heat haze	힛 헤이즈
진눈깨비	sleet	슬맅
강우량	rainfall	뤠인펄
미풍	breeze	브리즈
돌풍	gust	거스트
폭풍	storm	스톰
대기	atmosphere	앳머스피어
공기	air	에어

지구
Earth
얼쓰

수성
Mercury
머큐리

금성
Venus
비너스

화성
Mars
마쓰

목성
Jupiter
쥬피터

토성
Saturn
쌔턴

천왕성
Uranus
유러너스

명왕성
Pluto
플루토

태양계
solar
system
쏠러 씨스템

외계인
alien
에일리언

행성
planet
플래닡

은하계
galactic
system
걸레틱 씨스템

북두칠성
Big Dipper
빅 디퍼

카시오페이아
Cassiopeia
캐시어피어

큰곰자리
Great Bear
그뤠잇 베어

작은곰자리
Little Bear
리를 베어

환경 environment 인바이런먼트	파괴 destruction 디스트뤅션
멸망 fall 펄	재활용 recycling 뤼싸이클링
쓰레기 waste 웨이스트	쓰레기장 dump 덤프
하수 오물 sewage 쑤이쥐	폐수 waste water 웨이숫 워터
오염 pollution 펄루션	생존 survival 써바이블
자연 nature 네이춰	유기체 organism 오거니즘
생물 creature 크리춰	지구온난화 global warming 글로벌 워밍

보름달
full moon
풀 문

반달
half moon
핲 문

초승달
new moon
뉴 문

유성
meteor
미티어

위도
latitude
래리튜드

경도
longitude
란저튜드

적도
equator
이퀘이터

일식
solar eclipse
쏘울러 이클립스

관련대화

A : 명왕성이 태양계에서 소멸된 게 몇 년도이죠?

　　When did Pluto disappear from the solar system?
　　웬 디드 플루토 디써피어 프럼 더 쏠러 씨스템

B : 2006년도요.

　　In 2006.
　　인 투싸우전씩스

포유류(Mammal)

사슴 deer 디어	**고양이** cat 캩	**팬더(판다)** panda 팬다
사자 lion 라이언	**호랑이** tiger 타이거	**기린** giraffe 쥐래프
곰 bear 베어	**다람쥐** squirrel 스꿔럴	**낙타** camel 캐멀
염소 goat 고우트	**표범** leopard 레퍼드	**여우** fox 팍쓰
늑대 wolf 울프	**고래** whale 웨일	**코알라** koala 코알라
양 sheep 쉽	**코끼리** elephant 엘리펀트	**돼지** pig 피그

말
horse
홀스

원숭이
monkey
멍키

하마
hippo
히뽀

얼룩말
zebra
지브러

북극곰
polar bear
포울러 베어

바다표범
seal
씰

두더지
mole
모울

개
dog
도그

코뿔소
rhinoceros
라이나쩌러스

쥐
mouse
마우스

소
cow
카우

토끼
rabbit
뢔빗

레드판다
red panda
뤠드 팬다

캥거루
kangaroo
캥거루

박쥐
bat
뱉

곤충/거미류(Insecta/Arachnid)

모기 mosquito 머스끼토우	**파리** fly 플라이	**벌** bee 비
잠자리 dragonfly 드래건플라이	**거미** spider 스파이더	**매미** cicada 씨캐이더
바퀴벌레 cockroach 칵크로취	**귀뚜라미** cricket 크리킽	**풍뎅이** chafer 췌이퍼
무당벌레 ladybird 레이디버드		**반딧불이** firefly 파이어플라이
메뚜기 grasshopper 그뢔스하퍼		**개미** ant 앤트
사마귀 mantis 맨티스		**나비** butterfly 버러플라이
전갈 scorpion 스콜피언		**소금쟁이** pond skater 판 스케이터

조류(Bird)

독수리
eagle
이글

부엉이
owl
아월

매
falcon
펠컨

까치
magpie
맥파이

까마귀
crow
크로우

참새
sparrow
스패로우

학
crane
크뤠인

오리
duck
덕

펭귄
penguin
펭귄

제비
swallow
스왈로우

닭
chicken
취킨

공작
peacock
피콕

앵무새
parrot
페럴

기러기
wild goose
와일구스

거위
goose
구스

비둘기
dove
도브

딱따구리
woodpecker
우드페커

파충류/양서류(Reptile/Amphibian)

보아뱀
boa constrictor
보워 컨스트릭터

도마뱀
lizard
리저드

이구아나
iguana
이구아나

코브라
cobra
코우브러

두꺼비
toad
토우드

올챙이
tadpole
태드포울

도롱뇽
salamander
샐러맨더

개구리
frog
프뤄그

악어
crocodile
크롸커다일

거북이
turtle
터를

뱀
snake
스네익

지렁이
earthworm
어쓰웜

카멜레온
chameleon
커밀리언

관련대화

A : 어떤 동물을 좋아해요?

Which animal do you like?
휘취 애니멀 두 유 라익

B : 저는 사슴을 좋아해요.

I like deer.

아이 라익 디어

A: 모기는 정말 위험한 벌레인 거 같아요.

The mosquitoes seem to be really dangerous worms.

더 머스끼토우스 씸 투 비 륄리 데인져러스 웜스

B : 그죠, 저는 모기가 싫어요.

Well, I hate mosquitoes.

웰 아이 헤잇 머스끼토우스

🦗 관련단어

더듬이	feelers	필러스
번데기	pupa	퓨퍼
알	egg	에그
애벌레	larva	라버
뿔	horn	호른
발톱	claw	클러
꼬리	tail	테일
발굽	hoof	훞
동면하다	hibernate	하이버네잍
부리	beak	빅
깃털	feather	페더
날개	wing	윙
둥지	nest	네스트

어류/연체동물/갑각류(Fish/Mollusk/Crustacean)

연어
salmon
쌔먼

잉어
carp
캎

대구
cod
카드

붕어
crucian carp
크루션 캎

복어
globefish
글로우브피쉬

문어
octopus
악터퍼스

오징어
squid
스퀴드

게
crab
크뢥

꼴뚜기
beka squid
비커 스쿼드

낙지
small octopus
스몰 악터퍼스

새우
shrimp
쉬륌프

가재
crawfish
크롸피쉬

메기
catfish
캣피쉬

상어
shark
샤크

해파리
jellyfish
젤리피쉬

조개
shellfish
쉘피쉬

불가사리
starfish
스타피쉬

달팽이
snail
스네일

관련대화

A : 문어 다리가 몇 개인지 아세요?

Do you know how many legs an octopus has?
두 유 노 하우 매니 렉스 언 악터퍼스 해즈

B : 8개 아닌가요?

Isn't it eight?
이즌 잇 에잇

A : 네, 맞아요.

Yes, that is correct.
예스 댓 이즈 커렉트

관련단어

비늘	scale	스케일
아가미	gill	길
물갈퀴발	webbed foot	웹드 풋
지느러미	fin	핀

식물(꽃/풀/야생화/나무) Plant(Flower/Grass/Wild flower/Tree)

무궁화 rose of Sharon 로우즈 업 쉐론 	**코스모스** cosmos 카스머스 
수선화 daffodil 대퍼딜 	**장미** rose 로우즈 
데이지 daisy 데이지 	**아이리스** iris 아이뤼스 
동백꽃 camellia 커밀리어 	**벚꽃** cherry blossom 체뤼 블러썸 
나팔꽃 morning glory 모닝 글로뤼 	**라벤더** lavender 래번더 
튤립 tulip 튤립 	**제비꽃** violet 바이얼렅 
안개꽃 gypsophila 쥡싸필러 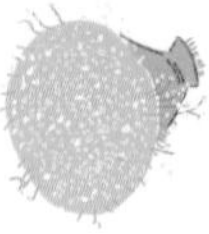	**해바라기** sunflower 썬플라워 

진달래
azalea
어젤리어

민들레
dandelion
댄디라이언

캐모마일
chamomile
캐머밀

클로버
clover
클로버

강아지풀
foxtail
팍스테일

고사리
bracken
브래컨

잡초
weeds
위즈

억새풀
silvergrass
실버그래스

소나무
pine
파인

메타세콰이아
metasequoia
메타시콰이어

감나무
persimmon tree
퍼씨먼 트뤼

사과나무
apple tree
애플 트뤼

석류나무
pomegranate tree
파머그래닛 트뤼

밤나무
chestnut tree
췌스트넛 트뤼

은행나무 ginkgo 깅코우		배나무 pear tree 페어 트뤼	
양귀비꽃 poppy 파삐			

🎔 관련대화

A : 좋아하는 꽃이 뭐예요?
What is your favorite flower?
왓 이즈 유어 페이버릿 플라워

B : 저는 장미를 좋아해요.
I like roses.
아이 라익 로지즈

🎔 관련단어

뿌리	root	룯
잎	leaf	맆
꽃봉오리	bud	버드
꽃말	flower language	플라워 랭귀지
꽃가루	pollen	폴른

개화기	flowering season	플라워링 씨즌
낙엽	fallen leaf	펄른 맆
단풍	maple	메이플
거름	manure	머누어
줄기	stem	스템

주거 관련

English Vocabulary

① **아파트** apartment 아팟먼트	② **전원주택** country house 컨트뤼 하우스	③ **일반주택** house 하우스
④ **다세대주택** multiplex housing 멀티플렉스 하우징	⑤ **오피스텔** efficiency apartment 이피션시 아팟먼트	

Unit 01 집의 종류

Chapter 07

⑥ 오두막집
hut
헛

⑦ 별장
villa
빌라

⑧ 하숙집
boarding
house
보딩 하우스

A : 지금 어떤 집에서 살고 있나요?

What kind of house do you live in now?
왓 카인덥 하우스 두 유 리빈 나우

B : 저는 아파트에 살고 있어요.

I live in an apartment.
아이 리빈 언 아팟먼트

살다	live	리브
주소	address	애드뤠스
임차인	tenant	테넌트
임대인	lessor	레써
가정부	housekeeper	하우스키퍼
월세	monthly rent	먼쓸리 렌트

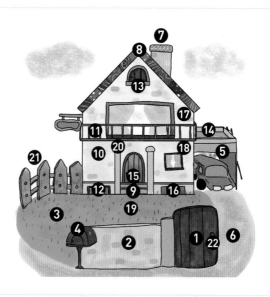

① 대문	② 담	③ 정원
gate	wall	garden
게잍	월	가든
④ 우편함	⑤ 차고	⑥ 진입로
mailbox	garage	driveway
메일박스	거롸쥐	드라이붸이
⑦ 굴뚝	⑧ 지붕	⑨ 계단
chimney	roof	stairs
췸니	룹	스테얼스

⑩ 벽	⑪ 발코니	⑫ 창고
wall	balcony	shed
월	밸커니	쉐드

⑬ 다락방	⑭ 옥상	⑮ 현관
garret	rooftop	entrance
개렡	룹탚	엔트런스

⑯ 지하실	⑰ 위층	⑱ 아래층
basement	upstairs	downstairs
베이스먼트	업스테얼스	다운스테얼스

⑲ 안마당 뜰	⑳ 기둥	㉑ 울타리
courtyard	pillar	fence
콧야드	필러	펜스

㉒ 자물쇠		
lock		
락		

🐾 관련대화

A : 어떤 집을 사시려고요?

   What kind of house do you want to buy?
   왓 카인덥 하우스 두 유 원투 바이

B : 정원이 있는 집을 사려고 합니다.

   I want to buy a house with a garden.
   아이 원투 바이 어 하우스 위더 가든

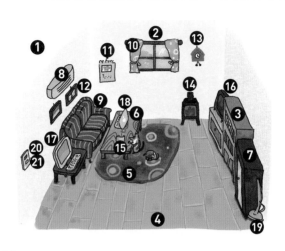

Unit 03 거실용품

① 거실 living room 리빙 룸	② 창문 window 윈도우	③ 책장 bookcase 북케이스
④ 마루 floor 플로워	⑤ 카펫 carpet 카핕	⑥ 테이블 table 테이블
⑦ 장식장 cabinet 캐비닡	⑧ 에어컨 air conditioner 에어 컨디셔너	⑨ 소파 sofa 소우파

⑩ 커튼
curtain
커튼

⑪ 달력
calendar
캘린더

⑫ 액자
frame
프레임

⑬ 시계
clock
클락

⑭ 벽난로
fireplace
파이어플레이스

⑮ 꽃병
vase
베이스

⑯ 텔레비전
television
텔리비젼

⑰ 컴퓨터
computer
컴퓨러

⑱ 노트북
notebook
놋북

⑲ 진공청소기
vacuum
cleaner
배큠 클리너

⑳ 스위치를 끄다
turn off the
switch
터노프 더 스위치

㉑ 스위치를 켜다
turn on the
switch
터논 더 스위치

💕 관련대화

A : 소파가 너무 이뻐요. 어디서 샀나요?

The sofa is very pretty. Where did you buy it?
더 소퍼 이즈 베뤼 프뤼디 웨어 디쥬 바이 잇

B : 이케아에서 샀어요. 이케아 물건은 싸고 이뻐요.

I bought it at IKEA. IKEA stuff is cheap and nice.
아이 보우릿 앳 이케아 이케아 스떺 이즈 칩 앤 나이스

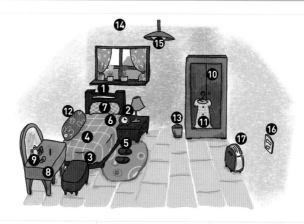

① 침대 bed 베드	② 자명종/알람시계 alarm 얼람	③ 매트리스 mattress 매트뤼스
④ 침대시트 bed sheet 베드 쉩	⑤ 슬리퍼 slippers 슬리퍼스	⑥ 이불 bedclothes 베드클로우쓰
⑦ 베개 pillow 필로우	⑧ 화장대 dressing table 드뤠싱 테이블	⑨ 화장품 cosmetics 코스메릭스
⑩ 옷장 closet 클로짙	⑪ 잠옷 pajamas 퍼자머즈	⑫ 쿠션 cushion 쿠션

⑬ **쓰레기통**
garbage can
가비쥐 캔

⑭ **천장**
ceiling
씰링

⑮ **전등**
electric light
일렉트릭 라잍

⑯ **스위치**
switch
스위취

⑰ **공기청정기**
air purifier
에어 퓨러파이어

일어나다
wake up
웨이컾

자다
sleep
슬맆

🐾 관련대화

A : 매일 아침 몇 시에 일어나나요?

What time do you wake up every morning?
왓 타임 두 유 웨이컵 에브뤼 모닝

B : 저는 매일 아침 8시에 일어납니다.

I wake up every morning at 8 o'clock.
아이 웨이컵 에브뤼 모닝 앳 에잇 어클럭

① 냉장고	② 전자레인지	③ 환풍기
refrigerator	microwave	ventilator
뤼프리져뤠이러	마이크로웨이브	벤틸레이러
④ 가스레인지	⑤ 싱크대	⑥ 주방조리대
gas stove	sink	countertop
개스 스토브	씽크	카운터탑
⑦ 오븐	⑧ 수납장	⑨ 접시걸이선반
oven	cabinet	shelf
오븐	캐비닡	쉘프
⑩ 식기세척기	에어컨	
dish washer	air conditioner	
디쉬 워셔	에어 컨디셔너	

A : 환풍기 작동이 안 되네요.

The ventilator does not work.

더 벤틸레이터 더즈 낫 월

B : 제가 수리공을 불렀어요.

I called a repairman.

아이 콜더 뤼페어맨

백문이 불여일견

One picture is worth a
thousand words.

원 픽춰즈 워써 싸우전드 워즈

Unit 06 주방용품

도마 cutting board 커링 보드	**프라이팬** frying pan 프라잉 팬
믹서기 blender 블렌더	**주전자** kettle 케를
앞치마 apron 에이프런	**커피포트** coffeepot 커피팟
칼 knife 나잎	**뒤집개** spatula 스페츌러
주걱 rice scoop 롸이스 스쿺	**전기밥솥** electric rice cooker 일렉트릭 롸이스 쿠커
머그컵 mug 머그	**토스터기** toaster 토스터
국자 ladle 레이들	**냄비** pot 팟

수세미
scourer
스카워러

주방세제
dishwashing liquid
디쉬워싱 리퀴드

알루미늄호일
aluminium foil
알뤼미넘 포일

병따개
opener
오프너

젓가락
chopsticks
찹스틱스

포크
fork
포크

숟가락
spoon
스푼

접시
plate
플레이트

소금
salt
쏠트

후추
pepper
페퍼

조미료
seasoning
씨즈닝

음식을 먹다
eat food
잇 푸드

A : 요리는 조미료와 손맛이죠.

Cooking depends on the seasoning and your skill.

쿠킹 디펜즈 온 더 씨즈닝 앤 유어 스킬

B : 그렇지만 음식에 화학조미료를 너무 많이 넣는 건 좋지 않은 거 같아요.

But I do not think it's good to put too much chemical seasoning in the food.

벗 아이 두 낫 씽크 잇츠 굿 투 풋 투 머취 케미컬 씨즈닝 인 더 푸드

A : 그건 그래요.

That's right.

댓츠 롸잇

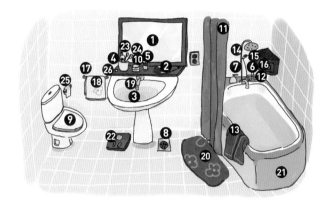

① 거울
mirror
미러

② 드라이기
dryer
드라이어

③ 세면대
sink
씽크

④ 면도기
razor /
(전기) shaver
뤠이저/쉐이버

⑤ 면봉
cotton swab
코튼 스왑

⑥ 목욕바구니
bath basket
배쓰 배스킽

⑦ 바디로션
body lotion
바디 로션

⑧ 배수구
drain
드뤠인

⑨ 변기
toilet
토일렅

⑩ 비누
soap
쏘웊

⑪ 욕실커튼
bathroom
curtain
배쓰룸 커튼

⑫ 빗
comb
코움

⑬ 샤워가운 bathrobe 배쓰로웁	⑭ 샤워기 shower 샤워	⑮ 샴푸 shampoo 샴푸
⑯ 린스 hair conditioner 헤어 컨디셔너	⑰ 수건걸이 towel rack 타월 랙	⑱ 수건 towel 타월
⑲ 수도꼭지 faucet 퍼씯	⑳ 욕실매트 bath mat 배쓰 맽	㉑ 욕조 bathtub 배쓰텁
㉒ 체중계 scales 스케일스	㉓ 치약 toothpaste 투쓰페이스트	㉔ 칫솔 toothbrush 투쓰브뤄쉬
㉕ 화장지 toilet paper 토일럿 페이퍼	㉖ 치실 floss 플러스	

관련대화

A : 변기에 물이 잘 내려가나요?
Does the toilet flush well?
더즈 더 토일럿 플러쉬 웰

B : 아니요. 변기가 막혔어요.
No. It is clogged.
노 잇 이즈 클락드

이를 닦다	brush one's teeth	브뤄쉬 원스 티쓰
헹구다	wash out	와쉬 아웃
씻어내다	rinse	린스
말리다	dry	드롸이
면도를 하다	shave	쉐입
머리를 빗다	brush one's hair	브뤄쉬 원스 헤어
샤워를 하다	take a shower	테익커 샤워
변기에 물을 내리다	flush the toilet	플러쉬 더 토일렡
머리를 감다	wash one's hair	와쉬 원스 헤어
목욕 (욕조에 몸을 담그고 하는)	bath	배쓰

Chapter 08 음식

Unit 01 과일

연무 wax apple 왁스 애플	**용안** longan 롱건	**리치** litchi 리취
망고 mango 맹고우	**비파** loquat 로우쾉	**구아바** guava 과버
산사 haw 허	**유자** citron 씨트런	**람부탄** rambutan 람부탄
사과 apple 애플	**배** pear 페어	**귤** clementine 클레멘타인
망고스틴 mangosteen 맹거스틴	**수박** watermelon 워러멜런	

복숭아
peach
피취

멜론
melon
멜런

오렌지
orange
어륀쥐

레몬
lemon
레먼

바나나
banana
버내너

자두
plum
플럼

두리안
durian
두리언

살구
apricot
애프리캍

감
persimmon
퍼씨먼

참외
oriental melon
어리엔틀 멜런

파인애플
pineapple
파인애플

키위
kiwi
키위

코코넛
coconut
코커널

사탕수수
sugarcane
슈거캐인

포도
grape
그뤠잎

밤
chestnut
췌스트널

대추
jujube
주주비

딸기
strawberry
스트로베뤼

건포도
raisin
뤠이즌

체리
cherry
췌뤼

블루베리 blueberry 블루베뤼		**라임** lime 라임	
무화과 fig 피그		**석류** pomegranate 파머그래닡	

💕 관련대화

A : 무엇을 사시겠습니까?
   What would you like to buy?
   왓 우 쥬 라익 투 바이

B : 오렌지 1kg에 얼마예요?
   How much is 1 kg of orange?
   하우 머취즈 원 킬로그램 업 어륀쥐

A : 10달러입니다.
   Ten dollars.
   텐 달러스

B: 1kg 주세요.
   1 kg please.
   원 킬로그램 플리즈

Unit 02 채소, 뿌리식물

고수나물
coriander
커뤼앤더

셀러리
celery
쎌러뤼

양상추
(iceberg)
lettuce
(아이스벅) 레티스

애호박
zucchini
주키니

당근
carrot
캐럿

피망
bell pepper
벨 페퍼

버섯
mushroom
머쉬룸

감자
potato
포테이도

고추
chili pepper
칠리 페퍼

토마토
tomato
토메이도

무
radish
뢔디쉬

배추
napa
cabbage
나파 캐비쥐

마늘
garlic
갈릭

우엉
burdock
버닥

상추
(leaf) lettuce
(맆) 레티스

시금치
spinach
스피니쉬

양배추
cabbage
캐비쥐

브로콜리
broccoli
브롸컬리

양파
onion
어니언

호박
pumpkin
펌킨

고구마
sweet potato
스윗 포테이도

오이
cucumber
큐컴버

파
green onion
그륀 어니언

콩나물
bean sprouts
빈 스프라웉

생강
ginger
쥔줘

미나리
water dropwort
워러 드랍월

옥수수
corn
콘

가지
eggplant
에그플랜트

송이버섯
pine mushroom
파인 머쉬룸

죽순
bamboo shoot
뱀부 슡

파슬리
parsley
파실리

도라지
balloon flower
벌룬 플라워

깻잎
perilla leaf
페릴라 맆

고사리
bracken
브래컨

청양고추
Cheongyang chili
pepper
청양 췰리 페퍼

팽이버섯
enoki mushroom
이노키 머쉬룸

올리브
olive
알리브

쑥갓
crown daisy
크롸운 데이지

인삼
ginseng
진셍

홍삼
red ginseng
뤠드 진셍

관련대화

A : 피망 100g에 얼마예요?

How much is 100 g of bell pepper?
하우 머취즈 원헌드뤠드 그래머브 벨 페퍼

B : 1달러입니다.

It's a dollar.
잇춰 달러

Unit 03 수산물, 해조류

오징어
squid
스퀴드

송어
trout
트라웉

우럭
rockfish
롹피쉬

가물치
snakehead fish
스네익헤드 피쉬

고등어
mackerel
매크럴

참조기
yellow corbina
옐로우 코비너

메기
catfish
캣피쉬

복어
globefish
글로우브피쉬

새우
shrimp
쉬림프

대구
cod
카드

연어
salmon
쌔먼

전복
abalone
애벌로니

가리비 조개
scallop
스캘렆

갈치
hairtail
헤어테일

게
crab
크뢥

잉어
carp
캎

붕어
carp
캎

문어
octopus
악터퍼스

가재
crawfish
클뤄피쉬

민어
croaker
크로우커

멍게
sea squirt
씨 스퀼

성게
sea urchin
씨 어췬

방어
yellow tail
옐로우 테일

해삼
sea cucumber
씨 큐컴버

명태
walleye pollack
월아이 팔럭

삼치
Spanish mackerel
스패니쉬 매크럴

미더덕
warty sea squirt
워리 씨 스퀼

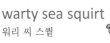

굴
oyster
오이스터

광어 halibut 핼르벝	**고래** whale 웨일
북어 dried pollack 드롸이드 팔럭	**미역** seaweed 씨위드
김 laver 라버	

♥ 관련대화

A : 고래고기 먹어본 적 있어요?

Have you ever eaten whale meat?

해뷰 에버 이튼 웨일 밑

B : 그럼요. 고래고기는 정말 맛있어요.

Of course. It is really good.

어브 커스 잇 이즈 륄리 굳

Unit 04 육류

소고기
beef
비프

돼지고기
pork
포크

닭고기
chicken
취킨

칠면조
turkey
터키

베이컨
bacon
베이컨

햄
ham
햄

소시지
sausage
쏘시쥐

육포
beef jerky
비프 줘키

양고기
mutton
머튼

관련대화

A : 피자는 미국 어느 지역이 제일 맛있나요?

Which area does pizza taste best in America?
휘취 에뤼어 더즈 핏짜 테이스트 베스트 인 어메뤼카

B : 시카고 피자가 유명해요.

Chicago-style pizza is famous.
시카고 스타일 핏짜 이즈 페이머스

Chapter 08
음식

Unit 05 음료수

콜라(코카콜라) Coke 코우크	**사이다 (스프라이트)** Sprite 스프라잍	**커피** coffee 커피
핫초코 hot chocolate 핫 춰컬맅	**홍차** black tea 블랙 티	
녹차 green tea 그린 티	**밀크버블티** milkbubble tea 밀크버블 티	
자스민차 jasmine tea 재스민 티	**밀크티** milk tea 밀크 티	
우유 milk 밀크	**두유** soybean milk 쏘이빈 밀크	
생수 mineral water 미너럴 워러	**오렌지주스** orange juice 어륀쥐 쥬스	
레모네이드 lemonade 레머네이드	**요구르트** yogurt 요겉	

A : 무엇을 드시겠습니까?

What would you like to drink?

왓 우쥬 라익 투 드링크

B : 커피 네 잔 주세요.

I'd like four cups of coffee.

아이드 라익 포 컵쏘브 커피

A : 어떤 커피로 하시겠습니까?

What kind of coffee would you like?

왓 카인덥 커피 우쥬 라익

B : 어떤 종류가 있나요?

What kind of coffee do you have?

왓 카인덥 커피 두 유 해브

A : 아메리카노 커피와 카푸치노 커피가 있습니다.

There are Americano and cappuccino coffee.

데어 아 어메리카노 앤 카푸치노 커피

B : 4잔 모두 아메리카노로 주세요.

Give me 4 Americanos.

깁 미 포 어메리카노스

치즈 cheese 취즈		**요거트** yogurt 요겉	
아이스크림 ice cream 아이스 크림		**분유** powdered milk 파우더드 밀크	
버터 butter 버러		**참치** tuna 튜나	
식용유 cooking oil 쿠킹 오일		**간장** soy sauce 쏘이 쏘스	
소금 salt 쏠트		**설탕** sugar 슈거	
식초 vinegar 비니거		**참기름** sesame oil 쎄써미 오일	
후추 pepper 페퍼		**달걀** egg 에그	

🐾 관련대화

A : 이 음식 식초를 많이 넣어서 새콤해서 맛있네요.

You put a lot of vinegar and it is sour and delicious.

유 풋 어라럽 비니거 앤 잇 이즈 싸워 앤 딜리셔스

B : 제가 새콤한 맛을 좋아해서요. 당신이 맛있게 생각해주서 너무 기뻐요.

I like the sour taste. I am so happy that you thought of it delicious.

아이 라익 더 싸워 테이스트 아이 앰 쏘 해피 대츄 쏘웃 어브 잇 딜리셔스

금강산도 식후경

A loaf of bread is better than the song of many birds.

어 로웁 브레드 이즈 베러 댄 더 쏭 업 매니 버즈

서양요리

햄버거
hamburger
햄버거

피자
pizza
핏짜

스테이크
steak
스테익

칠면조 구이
roast turkey
로스트 터키

핫도그
hot dog
핫도그

마카로니 앤 치즈
macaroni and cheese
매커로니 앤 취즈

클램 차우더
clam chowder
클램 촤우더

포테이토칩
potato chips
포테이도 칩스

바비큐
barbecue
바비큐

파스타
pasta
파스타

바게뜨
baguette
배겥

크루아상
croissant
크르와쌍

타르트
tart
타르트

크레페
crape
크레잎

에스카르고
escargot
에스카고

푸아그라
foie gras
푸와 그롸

샌드위치
sandwich
쌘드위취

파니니
panini
파니니

프라이드치킨
fried chicken
프라이드 취킨

리조또
risotto
뤼조토

피시 앤 칩스
fish and chips
피쉬 앤 췹스

치아바타
ciabatta
춰바라

프리타타
frittata
프리타라

뇨끼
gnocchi
뇨키

와플
waffle
와플

한국식당요리

라면
ramen
롸멘

냉면
cold noodle
코울드 누들

삼계탕
samgyetang
(ginseng chicken soup)
쥔셍 취킨 쑵

된장찌개
doenjang jjigae
(soybean paste stew)
쏘이빈 페이스트 스튜

청국장찌개
cheonggukjang jjigae (rich soybean paste stew)
뤼취 쏘이빈 페이스트 스튜

Chapter 08
음식

순두부찌개
sundubu jjigae
(soft tofu stew)

쏘프트 토푸 스튜

부대찌개
budae jjigae
(sausage stew)

쏘시쥐 스튜

갈비탕
galbitang
(short rib soup)

숏 립 쑵

감자탕
gamjatang
(pork back-bone stew)

폭 백본 스튜

설렁탕
seolleongtang
(ox bone soup)

악스 본 쑵

비빔밥
bibimbap

비빔밥

돌솥비빔밥
dolsot bibimbap
(hot stone pot bibimbap)

핫 스톤 팟 비빔밥

떡볶이
tteokbokki
(stir-fried rice cake)

스터프라이드 라이스 케익

순대
sundae
(Korean sausage)

코리언 쏘시쥐

오뎅탕
odentang
(fish cake soup)

피쉬 케익 쑵

찐빵
jjinppang
(steamed bun)

스팀드 번

족발
jokbal
(pigs' feet)

픽스 핕

팥빙수
patbingsu (shaved ice with sweetened
red beans and other toppings)
쉐입드 아이스 윗 스위튼드 뤠드 빈스 앤 아더 토핑스

떡   **해물파전**
rice cake   haemul pajeon (seafood
롸이스 케익   and green onion pancake)
씨푸드 앤 그륀 어니언 팬케익

김밥   **간장게장**
gimbap   ganjang gejang
김밥   (soy sauce marinated crab)
쏘이 쏘스 매리네잍 크뢥

김치   **삼겹살**
kimchi   samgyeopsal
김치   (grilled pork belly)
그릴드 폭 벨리

관련대화

A : 무엇을 주문하시겠어요?

    What would you like to order?
    왓 우쥬 라익 투 오더

B : 스테이크 주세요. 바짝 익혀서 주세요.

    I'd like a steak. Well done, please.
    아이드 라이커 스테일 웰 던 플리즈

Unit 08 요리방식

데치다 blanch 블랜취	**굽다** (빵을) bake / (고기 등을) roast 베익/로스트
튀기다 fry 프라이	**탕/찌개** soup/stew 쑵/스튜
찌다 steam 스팀	**무치다** season 씨즌

볶다 stir-fry 스터프라이	**훈제** smoke 스목	**끓이다** boil 보일
삶다 boil 보일	**섞다** blend 블렌드	**휘젓다** stir 스터

밀다 roll 롤	**얇게 썰다** slice thinly 슬라이스 씬니
손질하다 trim 트림	**반죽하다** knead dough 니드 도우

A : 훈제요리 좋아하세요?

Do you like smoked food?

두유 라익 스목트 푸드

B : 네 좋아합니다.

Yes, I like it.

예스 아이 라이킷

A : 그럼 오늘 오리훈제 먹으러 갈래요?

So do you want to get some smoked duck today?

쏘 두 유 원투 겟 썸 스목트 덕 투데이

B : 좋지요.

Good.

굿

A : 오늘은 제가 한턱 낼게요.

I'll treat you today.

아일 트륏츄 투데이

B : 감사합니다.

Thank you.

쌩큐

Unit 09 패스트푸드점

롯데리아 Lotteria 로테뤼아	**맥도날드** McDonald 맥도널드
파파이스 Popeyes 파파이스	**서브웨이** Subway 썹웨이
피자헛 Pizza Hut 핏짜 헛	**버거킹** Burger King 버거 킹
KFC Kentucky Fried Chicken 켄터키 프라이드 취킨	

관련대화

A : 오늘 롯데리아 갈까요?

Do you want to go to Lotteria today?

두 유 원투 고 투 로테뤼아 투데이

B : 좋아요.

Good.

굿

맥주
beer
비어

고량주
kaoliang wine
까우리앵 와인

하이네켄
Heineken
하이네켄

버드와이저
Budweiser
버드와이절

기네스
Guinness
기니스

소주
soju
소주

호가든
Hoegaarden
호가든

밀러
Miller
밀러

샴페인
champagne
샴페인

양주
liquor
리커

럼
rum
뤔

위스키
whiskey
위스키

보드카
vodka
보드카

데킬라
tequila
테킬러

레드와인
red wine
뤠드 와인

화이트와인
white wine
와잇 와인

브랜디 brandy 브랜디		**마티니** Martini 마티니	
칼바도스 Calvados 캘버도스		**사케** sake 사키	
코냑 cognac 코냑		**막걸리** makgeolli 막걸리	
동동주 dongdongju 동동주		**피스코** Pisco 피스코	
진 Gin 진		**과실주** fruit wine 프룻 와인	
복분자주 raspberry wine 뤠즈베뤼 와인		**매실주** plum wine 플럼 와인	
정종 refined rice wine 뤼파인드 롸이스 와인		**칵테일** cocktail 칵테일	

A : 건배♪
Cheers!
취어스

B : 이 술은 몇 도인가요?
What proof is this?
왓 프루프 이즈 디스

A : 50도예요.
50 proof.
핍티 프룹

B : 어머 엄청 높네요.
It's awfully high.
잇츠 어풀리 하이

관련단어

과음	excessive drinking	익쎄씨브 드링킹
숙취해소제	hangover cure drink	행오버 큐어 드링크
알콜중독	alcoholism	앨커헐리즘
술친구	drinking buddy	드링킹 버디

Unit 11 맛 표현

맛있는 delicious 딜리셔스		**맛없는** bad 뺃	
싱거운 bland 블랜드		**뜨거운** hot 핫	
단 sweet 스윗		**짠** salty 쏠티	
매운 spicy 스파이씨		**얼큰한** spicy 스파이씨	
신 sour 싸워		**쓴** bitter 비러	
떫은 astringent 어스트린젼트		**느끼한** greasy 그뤼씨	
(곡식이나 견과류 등이) 고소한 nutty 너티		**담백한** mild 마일드	

쫄깃한
chewy
츄이

비린
fishy
피쉬

소화불량
indigestion
인디제스천

A : 맛이 어때요?

How does it taste?
하우 더짓 테이스트

B : 이 음식 맛있어요.

It is delicious.
이리즈 딜리셔스

관련단어

씹다	chew	츄
영양분을 공급하다	nourish	너리쉬
과식하다	eat too much	잇 투 머취
먹이다	feed	피드
삼키다	swallow	스왈로우

Chapter 08

음식

조금씩 마시다	sip	씹
조리법	recipe	뤠서피
날것의	raw	뤄
썩다	rot	뢑
칼슘	calcium	캘시엄
단백질	protein	프로틴
비타민	vitamin	바이러민
지방	fat	퍁
탄수화물	carbohydrate	카보하이드뤠잍
입맛에 맞다	suit one's taste	쑷 원스 테이스트
무기질	mineral	미너럴
에스트로겐	estrogen	에스트로진
아미노산	amino acid	아미노 애씨드
체지방	body fat	바디 퍁
피하지방	subcutaneous fat	섭큐태니어스 퍁
열량(칼로리)	calorie	캘로뤼
영양소	nutrient	누트뤼언트
포화지방	saturated fat	새춰뤠이티드 퍁
불포화지방	unsaturated fat	언새춰뤠이티드 퍁
포도당	glucose	글루코스
납	lead	레드

Chapter 09 쇼핑

Unit 01 쇼핑 물건

의류

정장 suit 쑽	**청바지** jeans 진스	**티셔츠** T-shirt 티셔츠
원피스 dress 드뤠스	**반바지** shorts 쇼츠	**치마** skirt 스컽
조끼 vest 베스트	**남방** shirt 셔츠	**와이셔츠** dress shirt 드뤠스 셔츠
재킷 jacket 재킽	**운동복** sportswear 스포츠웨어	
오리털잠바 duck-down jacket 덕다운 재킽	**스웨터** sweater 스웨러	

우의
raincoat
뤠인코웉

내복
long johns
롱 존스

속옷
underwear
언더웨어

팬티
panties/
underpants
팬티즈/언더팬츠

교복
school uniform
스쿨 유니폼

레이스
lace
레이스

단추
button
버튼

바지
pants
팬츠

버클
buckle
버클

브래지어
bra
브라

블라우스
blouse
블라우스

셔츠
shirt
셔츠

소매
sleeve
슬리브

외투
overcoat
오버코웉

지퍼
zipper
지퍼

잠옷
pajamas
퍼자머즈

파티용 드레스
evening dress
이브닝 드뤠스

한복
Korean clothes
코뤼언 클로우쓰

신발, 양말

신발
shoes
슈즈

운동화
sneakers
스니커스

구두
shoes
슈즈

부츠
boots
부츠

슬리퍼
slippers
슬리퍼스

조리
flip-flops
플립플랍스

(비 올 때 신는) 장화
rain boots
레인 부츠

양말
socks
싹스

스타킹
stockings
스타킹스

샌들
sandals
쌘들스

기타 액세서리

모자
hat
햇

가방
bag
백

머리끈
hair tie
헤어 타이

귀걸이
earrings
이어링스

반지
ring
룅

안경
glasses
글래씨스

선글라스
sunglasses
썬글래씨스

지갑
wallet
월럴

목도리
muffler
머플러

스카프
scarf
스캎

손목시계
wristwatch
뤼숫와취

팔찌
bracelet
브뤠이슬럴

넥타이
necktie
넥타이

벨트
belt
벨트

장갑
gloves
글러브스

양산
parasol
패러썰

목걸이
necklace
넥클러스

브로치
brooch
브로우취

손수건
handkerchief
행커칲

머리핀
hair pin
헤어 핀

기타용품

비누
soap
쏘웊

가그린
gargle
가글

물티슈
wet wipe
웻 와잎

생리대
sanitary napkin
쌔니터뤼 냅킨

기저귀
diaper
다이퍼

우산
umbrella
엄브뤨러

담배
cigarette
씨거뤹

라이터
lighter
라이러

건전지
battery
배러리

쇼핑백
shopping bag
샤핑 백

종이컵
paper cup
페이퍼 컾

컵라면
cup noodles
컵 누들스

모기약
mosquito repellent
머스끼토우 뤼펠런트

방취제
deodorizer
디오더롸이져

면도크림
shaving cream
쉐이빙 크림

면도날
razor blade
뤠이져 블레이드

스킨
skin toner
스킨 토우너

로션
lotion
로션

썬크림
sunblock
썬블락

샴푸
shampoo
샴푸

린스
hair conditioner
헤어 컨디셔너

치약
toothpaste
투쓰페이스트

칫솔
toothbrush
투쓰브뤄쉬

손톱깎이
nail clippers
네일 클리퍼스

화장지
toilet paper
토일럿 페이퍼

립스틱
lipstick
립스틱

비비크림
BB cream
비비 크림

파운데이션
foundation
파운데이션

빗
comb
코움

사탕
candy
캔디

껌
gum
검

초콜릿
chocolate
춰컬릿

아이섀도
eye shadow
아이 쉐도우

매니큐어
nail polish
네일 폴리쉬

향수
perfume
퍼퓸

마스카라
mascara
매스캐러

파스
pain relief patch
페인 륄맆 패취

카메라
camera
캐머러

붓
brush
브뤄쉬

책
book
북

거울
mirror
미러

핸드폰 케이스
cellphone case
쎌폰 케이스

옥
jade
제이드

금
gold
골드

은
silver
실버

청동
bronze
브론즈

에센스
essence
에쎈스

수분크림
moisturizer
모이스춰롸이저

영양크림
nutrient cream
누트뤼언트 크림

🐾 관련대화

A : 청바지는 어디에서 파나요?
Where do you sell jeans?
웨어 두 유 쎌 진스

B : 2층에서 팝니다.
They are on the second floor.
데이 아 온 더 쎄컨 플로워

C : (2층 점원) 무엇을 도와드릴까요?
(2nd floor clerk) What can I do for you?
왓 캔 아이 두 포 유

A : 청바지를 사려고 합니다. 구경 좀 할게요.
I want to buy jeans. Can I take a look?
아이 원투 바이 진스 캔 아이 테이커 룩

C : 편하게 구경하세요.
Feel free to look around.
필 프리 투 룩 어롸운드

관련단어

짝퉁제품	imitation	이미테이션
바코드	bar code	바 코드
계산원	cashier	캐쉬어
선물	gift	기프트
상표	brand	브랜드
현금	cash	캐쉬
지폐	bill	빌
동전	coin	코인
환불	refund	뤼펀드

콩 심은 데 콩 나고 팥 심은 데 팥 난다.

As you sow, so you reap.

애즈 유 쏘우, 쏘 유 맆

Unit 02 색상

빨간색
red
뤠드

주황색
orange
어륀쥐

노란색
yellow
옐로우

초록색
green
그륀

파란색
blue
블루

남색
navy
네이비

보라색
purple
퍼플

상아색
ivory
아이버뤼

황토색
ocher
오우커

검은색
black
블랙

회색
gray
그뤠이

흰색
white
와잍

갈색
brown
브롸운

분홍색
pink
핑크

A : 좋아하는 색깔이 뭐예요?

What color do you like?

왓 컬러 두 유 라익

B : 저는 파란색을 좋아해요. 파란색을 보면 마음이 편해져요.

I like blue. It makes me feel better.

아이 라익 블루 잇 메익스 미 필 베러

A : 그래요? 저는 초록색을 보면 마음이 편해지더라고요.

Do you? I'm feeling better when I see green.

두 유? 아임 필링 베러 웬 아이 씨 그린

의상	costume	카스튬
직물	fabric	패브릭
감촉	texture	텍스처
모피	fur	퍼
단정한	neat	닡
방수복	waterproof clothes	워러프룹 클로쓰
차려입다	dress up	드레썹
장식하다	ornament	오너먼트
사치	luxury	럭셔리
어울리는	fit	핕

Unit 03 구매 표현

이것
this
디스

저것
that
댙

더 화려한
more colorful
모어 컬러풀

더 수수한
more modest
모어 마디스트

더 큰
larger
라줘

더 작은
smaller
스몰러

더 무거운
heavier
헤비어

더 가벼운
lighter
라이러

더 긴
longer
롱거

더 짧은
shorter
쇼러

유행상품
trend goods
트뤤드 굿즈

다른 종류
different types
디퍼런 타입스

다른 디자인
different design
디퍼런 디자인

다른 색깔
different color
디퍼런 컬러

더 싼 cheaper 취퍼	더 비싼 more expensive 모어 익스펜씨브
신상품 new product 뉴 프라덕트	세일 상품 sale goods 쎄일 굿즈
입다 put on 푸론	신다 put on 푸론
메다 shoulder 숄더	먹다 eat 잍
바르다 put on 푸론	들다 hold 홀드
만지다 touch 터취	쓰다 write 롸잍
착용하다 put on 푸론	몇몇의 some 썸 

관련대화

A : 이걸로 할게요. 얼마인가요?
I'll take this. How much is it?
아일 테익 디스 하우 머취 이즈 잇

B : 10달러입니다.
It's ten dollars.
잇츠 텐 달러스

관련단어

쇼핑몰	shopping mall	샤핑 몰
상품	product	프라덕트
하자가 있는	defective	디펙티브
환불	refund	뤼펀드
구입하다	purchase	퍼춰스
영수증	receipt	리씯
보증서	guarantee	개런티
세일	sale	쎄일
계산대	counter	카운터
저렴한	cheap	칲
품절된	sold out	쏠드 아웃
재고정리	clearance	클리런스
신상품	new product	뉴 프라덕트
공짜의	free	프리

Chapter 10 도시

Unit 01 자연물 또는 인공물

강 river 뤼버		**과수원** orchard 오춰드	
나무 tree 트뤼		**논** rice paddy 롸이스 페디	
농작물 crop 크뢉		**동굴** cave 케이브	
들판 field 필드		**바다** sea 씨	
밭 field 필드		**사막** desert 데젙	

산
mountain
마운튼

섬
island
아일런드

삼림
forest
퍼리슽

습지
wetland
웻랜드

연못
pond
판드

저수지
reservoir
뤠저브와

초원
grassland
그뢔스랜드

폭포
waterfall
워러펄

해안
coast
코우슽

협곡
canyon
캐년

호수
lake
레잌

목장
farm
팜

바위
rock
롹

A : 사막에 가본 적이 있나요?

Have you ever been to the desert?

해뷰 에버 빈 투 더 데절

B : 네, 가본 적이 있어요.

Yes, I've been there.

예쓰 아이브 빈 데어

수확하다	reap	맆
씨를 뿌리다	sow	쏘우
온도	temperature	템퍼춰
지평선, 수평선	horizon	허라이즌
화석	fossil	파쓸
습도	humidity	휴미디티
대지	Mother earth	마더 어쓰
모래	sand	쌘드
산등성이	ridge	릿지

Unit 02 도시 건축물

우체국
post office
포스트 어피스

은행
bank
뱅크

경찰서
police station
폴리쓰테이션

병원
hospital
하스피럴

편의점
convenience store
컨비니언스토어

호텔
hotel
호텔

서점
bookstore
북스토어

백화점
department store
디팟먼 스토어

노래방
singing room
씽잉 룸

커피숍
coffee shop
커피 샵

영화관
movie theater
무비 씨어러

문구점
stationery store
스테이셔너뤼 스토어

제과점
bakery
베이커뤼

놀이공원
amusement park
어뮤즈먼트 팍

주유소
gas station
개쓰테이션

성당 Catholic church 캐톨릭 춸취	**교회** church 춸취

번화가 main street 메인 스트릴	**미술관** art museum 아트 뮤지엄	**학교** school 스쿨
이슬람사원 mosque 마스크	**분수** fountain 파운튼	**공원** park 팍
댐 dam 댐	**정원** garden 가든	**사우나** sauna 싸우너

식물원 botanical garden 버테니컬 가든	**동물원** zoo 주
광장 square 스퀘어	**다리** bridge 브리쥐
박물관 museum 뮤지엄	**기념관** memorial hall 메모리얼 홀

약국
pharmacy
파머씨

소방서
fire
station
파이어 스테이션

도서관
library
라이브러뤼

미용실
beauty shop
뷰리 샵

관광안내소
tourist
information office
투어리스트 인포메이션 어피스

세탁소
laundry
런드뤼

PC방
PC bang
피씨 방

목욕탕
public bath
퍼블릭 배쓰

발마사지샵
foot massage shop
풋 머싸쥐 샵

마사지샵
massage shop
머싸쥐 샵

🫶 관련대화

A : 미국에도 한국식 사우나가 있나요?

Is there a Korean sauna in America?
이즈 데러러 코뤼안 싸우너 인 어메뤼카

B : 그럼요, 미국의 한국식 사우나는 규모가 엄청 커요.

Sure, the Korean sauna in America is huge.
슈어 더 코뤼안 싸우너 인 어메뤼카 이즈 휴쥐

Chapter 11 스포츠, 여가

Unit 01 운동

볼링 bowling 보울링	**암벽등반** rock-climbing 롹클라이밍	
활강 downhill 다운힐	**패러글라이딩** paragliding 패러글라이딩	
번지점프 bungee jump 번지 점프	**낚시** fishing 피슁	
인공암벽 sports climbing 스포츠 클라이밍	**바둑** go 고	
카레이싱 car racing 카 레이씽	**윈드서핑** windsurfing 윈드써핑	**골프** golf 골프

테니스
tennis
테니스

스키
ski
스키

유도
judo
주도

체조
gymnastics
짐내스틱스

승마
horseback riding
홀스백 롸이딩

축구
soccer
싸커

배구
volleyball
발리볼

야구
baseball
베이스볼

농구
basketball
배스킷볼

탁구
table tennis
테이블 테니스

검술
swordsmanship
스워즈맨쉽

수영
swimming
스위밍

경마
horse racing
홀스 레이씽

권투
boxing
박씽

태권도
taekwondo
태권도

검도 kendo 켄도	**무에타이** Muay Thai 무에이 타이
격투기 martial arts 마샬 아츠	**씨름** ssireum (Korean wrestling) 코뤼안 뤠슬링
당구 billiards 빌려즈	**배드민턴** badminton 배드민튼
럭비 rugby 뤅비	**스쿼시** squash 스쿼쉬
아이스하키 ice hockey 아이스 하키	**핸드볼** handball 핸드볼
등산 (취미) hiking / (전문적) climbing 하이킹/클라이밍	**인라인스케이팅** inline skating 인라인 스케이링
조정 rowing 로잉	**사이클** cycling 싸이클링

요가
yoga
요가

스카이다이빙
sky diving
스카이 다이빙

행글라이딩
hang gliding
행 글라이딩

피겨스케이팅
figure skating
피겨 스케이링

롤러스케이팅
roller skating
로울러 스케이링

양궁
archery
아춰뤼

스노클링
snorkeling
스노클링

스쿠버다이빙
scuba diving
스쿠버 다이빙

해머던지기
hammer throw
해머 쓰로우

멀리뛰기
long jump
롱 점프

창던지기
javelin
제블린

마라톤
marathon
매러썬

펜싱
fencing
펜씽

쿵푸
kung fu
쿵 푸

합기도
hapkido
합기도

공수도 karate 카라리		**레슬링** wrestling 뤠슬링	
스모 sumo 수모		**줄넘기** jump rope 점프 롶	
뜀틀 vault 벌트		**에어로빅** aerobics 에로빅스	
아령운동 dumbbell exercise 덤벨 엑써싸이즈		**역도** weight lifting 웨잇 리프팅	

관련대화

A : 무슨 운동을 좋아하세요?

What kind of exercise do you like?

왓 카인덥 엑써싸이즈 두 유 라잌

B : 저는 볼링을 좋아해요.

I like bowling.

아이 라잌 보울링

A : 배우고 싶은 운동은 있나요?

What kind of exercise do you want to learn?

왓 카인덥 엑써싸이즈 두 유 원투 런

B : 스키 타는 법을 배우고 싶어요.
   I would like to learn how to ski.
   아이 웃 라익 투 런 하우 투 스키

🎽 관련단어

야구공	baseball	베이스볼
야구방망이	bat	뱉
축구공	football	풋볼
축구화	soccer shoes	싸커 슈즈
글러브	glove	글럽
헬멧	helmet	헬밑
테니스공	tennis ball	테니스 볼
라켓	racket	라킽
수영복	swimsuit	스윔숱
튜브	tube	튭
수영모	swim cap	스윔 캪
러닝머신	treadmill	트뤠드밀
코치	coach	코우취
유산소운동	aerobic exercise	에로빅 엑써싸이즈
무산소운동	anaerobic exercise	애너로빅 엑써싸이즈
근력운동	weight training	웨잇 트뤠이닝
호흡운동 (숨쉬기운동)	breathing exercise	브리딩 엑써싸이즈
수경	swim goggles	스윔 가글스

영화 감상
watching movies
와칭 무비스

음악 감상
listening to music
리쓰닝 투 뮤직

여행
travel
트뢔블

독서
reading
뤼딩

춤추기
dancing
댄씽

노래 부르기
singing
씽잉

운동
exercise
엑써싸이즈

등산
hiking
하이킹

수중잠수
scuba diving
스쿠버 다이빙

악기 연주
playing a musical
instrument
플레잉 어 뮤지컬 인스트러먼트

요리
cooking
쿠킹

사진 찍기
taking
pictures
테이킹 픽춰스

정원 가꾸기
gardening
가드닝

우표 수집
stamp collecting
스탬프 컬렉팅

낚시
fishing
피슁

십자수
cross-stitch
크로쓰티춰

TV 보기
watching TV
와칭 티비

드라이브
drive
드롸이브

빈둥거리기
loafing at home
로핑 앳 홈

인터넷
surfing
the Internet
서핑 디 이너넷

게임
game
게임

아이쇼핑하기
window shopping
윈도우 샤핑

캠핑 가기
camping
캠핑

포커
poker game
포커 게임

장기
Korean chess
코뤼안 체스

도예
making pottery
메이킹 포러뤼

뜨개질
knitting
니딩

맛집 탐방
visiting
good restaurants
비지팅 굿 뤠스토런츠

일하기
working
워킹

♥♥ 관련대화

A : 취미가 뭐예요?

What is your hobby?

왓 이즈 유어 하비

B : 저는 영화 보는 걸 좋아해요.

I like watching movies.

아이 라익 와칭 무비스

A : 주말에는 뭐하세요?

What do you do on the weekend?

왓 두 유 두 온 더 위켄드

B : 주말에는 독서해요.

I read books on weekends.

아이 뤼드 북스 온 위켄즈

기타
guitar
기타

피아노
piano
피애노

색소폰
saxophone
쌕써폰

플루트
flute
플룻

하모니카
harmonica
하마니커

클라리넷
clarinet
클래러넽

트럼펫
trumpet
트뤔핕

하프
harp
핲

첼로
cello
첼로

아코디언
accordion
어코디언

드럼
drum
드뤔

실로폰
xylophone
좌일러폰

거문고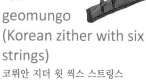
geomungo
(Korean zither with six strings)
코뤼안 지더 윋 씩스 스트링스

가야금
gayageum
(Korean zither with twelve strings)
코뤼안 지더 윋 트웰브 스트링스

대금 daegeum (large transverse bamboo flute) 라지 트랜스벌스 뱀부 플룻	**장구** janggu (double-headed Korean drum) 더블 헤디드 코뤼안 드뤔
징 jing (large gong) 라지 공	**해금** haegeum (Korean fiddle) 코뤼안 피들
단소 danso (small bamboo flute) 스몰 뱀부 플룻	**리코더** recorder 뤼코더
오카리나 ocarina 아커뤼나	**바이올린** violin 바이얼린	**비올라** viola 비얼라

💕 **관련대화**

A : 어떤 악기를 다룰 줄 아세요?

　　What instruments can you play?
　　왓 인스트러먼츠 캔 유 플레이

B : 저는 피아노를 다룰 수 있어요.

　　I can play the piano.
　　아이 캔 플레이 더 피애노

Unit 04 여가

휴양하다
take a rest
테이커 뤠스트

관광하다
go sightseeing
고 싸잇씽

기분전환하다
refresh oneself
뤼프뤠쉬 원셀프

참관하다
visit
비짙

탐험하다
explore
익스플로러

건강관리
health care
헬쓰 케어

관련대화

A : 기분이 안 좋을 때 어떻게 기분전환하시나요?

What makes you feel refreshed when you feel bad?
왓 메익스 유 필 뤼프뤠쉬드 웬 유 필 밷

B : 저는 여행을 가면 기분이 나아져요.

When I go on a trip, I feel better.
웬 아이 고 오너 트립 아이 필 베러

영화관
movie theater
무비 씨어러

매표소
ticket office
티킷 어피스

히트작
megaseller
메거쎌러

매점
snack bar
스낵 바

공포영화
horror film
허러 핌

코미디영화
comedy film
카머디 핌

액션영화
action film
액션 핌

어드벤처영화
adventure film
어드벤춰 핌

스릴러영화
thriller film
쓰릴러 핌

주연배우
leading actor
리딩 액터

조연배우
supporting actor
써포링 액터

남자주인공
hero
히로우

여자주인공
heroine
헤로우인

영화사
film
company
핌 컴퍼니

감독
director
디뤡터

관련대화

A : 스릴러 영화 좋아하세요?

Do you like thriller movies?

두 유 라익 쓰릴러 무비스

B : 아니요. 저는 무서운 건 싫어요. 저는 로맨틱영화를 좋아합니다.

No. I hate scary things. I like romantic movies.

노 아이 헤잇 스캐어 씽스. 아이 라익 로맨틱 무비스

관련단어

뮤지컬영화	musical film	뮤지컬 퓜
다큐멘터리영화	documentary	다큐멘터뤼
로맨틱영화	romantic film	로맨틱 퓜

Part 2

여행 단어

Chapter 01 공항에서

Unit 01 공항

국내선 domestic flight 더메스틱 플라잍		**국제선** international flight 인터내셔널 플라잍	
탑승창구 check-in counter 췌크인 카운터		**항공사** airline 에어라인	
탑승수속 check-in 췌크인		**항공권** airline ticket 에어라인 티킽	
여권 passport 패스폴		**탑승권** boarding pass 보딩 패스	
금속탐지기 metal detector 메틀 디텍터		**창가좌석** window seat 윈도우 씰	

통로좌석
aisle seat
아일 씰

위탁수하물
checked baggage
췍트 배기쥐

수하물 표
baggage claim tag
배기쥐 클레임 택

초과 수하물 운임
excess baggage charge
익쎄스 배기쥐 촤쥐

세관
customs
커스텀스

신고하다
declare
디클레어

출국신고서
departure card
디파춰 카드

면세점
duty-free shop
듀티프리 샵

입국심사
immigration inspection
이미그뤠이션 인스펙션

여행자 휴대품 신고서
customs declaration form
커스텀스 데클러뤠이션 폼

비자
visa
비자

세관원
customs officer
커스텀스 어피써

❤️ 관련대화

A : 여권과 신고서를 보여주세요. 신고할 물건이 있나요?

Please show me your passport and declaration form.
Do you have anything to declare?

플리즈 쇼 미 유어 패스폿 앤 데클러레이션 폼 두 유 해브 애니씽 투 디클레어

B : 신고할 물건이 없습니다.

There is nothing to declare.

데어스 낫씽 투 디클레어

A : 가방을 열어주시겠어요?

Could you open your bag?

쿠쥬 오픈 유어 백

B : 이것은 개인 소지품입니다.

This is my personal belongings.

디스 이즈 마이 퍼스널 비롱잉스

🐝 관련단어

목적지	destination	데스티네이션
도착	arrival	얼롸이벌
방문 목적	purpose of visit	퍼폴즈 업 비짙
체류기간	duration of stay	듀레이션 업 스테이
입국 허가	admission	어드미션
검역소	quarantine station	쿼런틴 스테이션
수하물 찾는 곳	baggage claim	배기쥐 클레임
리무진 버스	limousine	리무진

① 창문	② 승무원	③ 객석 위쪽의 짐칸	
window	flight attendant	overhead bin	
윈도우	플라잇 어텐던트	오버헤드 빈	

④ 에어컨	⑤ 조명	⑥ 모니터	⑦ 좌석(자리)
air conditioner	lighting	monitor	seat
에어 컨디셔너	라이링	마니터	씰

⑧ 구명조끼	⑨ 호출버튼	⑩ (기내로 가져온) 짐	⑪ 안전벨트
life jacket	call button	carry-on baggage	safety belt
라입 재킷	콜 버튼	캐뤼온 배기쥐	세이프리 벨트

⑫ 통로	⑬ 비상구	⑭ 화장실	⑮ 이어폰
aisle	emergency exit	restroom	earphones
아일	이머젼씨 엑씻	뤠스트룸	이어폰즈

① 조종실	② 기장	③ 부기장	④ 활주로
cockpit	captain	first officer	runway
칵핏	캡튼	펄스트 어피써	뤈웨이

💕 관련대화

A : 자리를 좀 찾아주시겠어요?

Could you find my seat?

쿠쥬 파인 마이 씰

B : 오른쪽 앞에서 5번째 창가 좌석이십니다.

It is fifth from the front, window seat on the right.

잇 이즈 핍쓰 프럼 더 프런트 윈도우 씻 온 더 롸잍

A : 감사합니다.
Thank you.
쌩큐

B : 별 말씀을요.
You're welcome.
유어 웰컴

💕 관련단어

도착 예정 시간	estimated time of arrival	에스티메이티드 타이머 브 얼롸이벌
이륙하다	take off	테이커프
착륙하다	land	랜드
무료 서비스	free service	프리 써비스
(화장실 등이) 사용 중	occupied	오큐파이드
금연 구역	non-smoking area	넌스모킹 에뤼어
시차 피로	jet lag	젯 래그
~를 경유하여	via	비아
직항	direct flight	디뤡트 플라잍
좌석 벨트를 매다	fasten one's seat belt	패슨 원스 씻 벨트
연기, 지연	delay	딜레이

Unit 03 기내 서비스

신문
newspaper
뉴스페이퍼

면세품 목록
duty-free catalog
듀티프리 캐털로그

잡지
magazine
매거진

담요
blanket
블랭킽

베개
pillow
필로우

입국카드
disembarkation card
디셈바케이션 카드

티슈
tissue
티슈

음료수
drink
드링크

기내식
in-flight meal
인플라잇 밀

맥주
beer
비어

와인
wine
와인

물
water
워러

커피
coffee
커피

차
tea
티

A : 무엇으로 드시겠어요?

What would you like?

왓 우쥬 라잌

B : 어떤 요리가 있나요?

What kind of food do you have?

왓 카인덥 푸드 두 유 햅

A : 닭고기 요리와 소고기 요리가 있습니다.

There are chicken and beef.

데어 아 취킨 앤 빞

B : 닭고기 요리로 주세요.

Chicken, please.

취킨 플리즈

🫶 관련단어

이륙	take-off	테이커프
착륙	landing	랜딩
홍차	black tea	블랙 티
물티슈	wet wipe	웻 와잎
샐러드	salad	쌜러드
알로에주스	aloe juice	앨로우 쥬스
탄산음료	soda	소우다

말이 많은 사람은 거짓말도 많다.
A great talker is a great liar.
어 그뤠잇 토커 이즈 어 그뤠잇 라이어

Chapter 02 입국심사

Unit 01 입국 목적

비즈니스 business 비즈니스	여행 travel 트뤠블
관광 sightseeing 싸이트씨잉	회의 conference 칸퍼런스
취업 employment 임플로이먼트	거주 settling down 세를링 다운
친척 방문 visiting relatives 비지링 뤨러티브스	공부 study 스터디
귀국 returning home 뤼터닝 홈	휴가 vacation 베케이션

👐 관련대화

A : 방문목적은 무엇입니까?

What is the purpose of your visit?

왓 이즈 더 퍼포저브 유어 비짙

B : 사업차입니다.

I'm here on business.

아임 히열 온 비즈니스

부엉이도 제 새끼가
가장 예쁘다고 생각한다.
The owl thinks her own
young fairest.
디 아울 씽쓰 허 오운 영 페어리스트

Unit 02 거주지

호텔 hotel 호텔	**친척집** relative's house 뤨러티브스 하우스
친구집 friend's house 프렌즈 하우스	

💗 관련대화

A : 어디서 머무시나요?

Where are you going to stay?

웨어 아 유 고잉 투 스테이

B : 뉴욕에 있는 힐튼 호텔에 머무를 것입니다.

I will stay at Hilton Hotel in New York.

아이 윌 스테이 앳 힐튼 호텔 인 뉴 욕

Chapter 03 숙소

Unit 01 예약

예약 reservation 뤠져베이션	**체크인** check-in 췌크인	**체크아웃** check-out 췌크아웃

싱글룸 single room 씽글 룸	**더블룸** double room 더블 룸
트윈룸 twin room 트윈 룸	**스위트룸** suite room 스윗 룸
일행 party 파리	**흡연실** smoking room 스모킹 룸
금연실 non-smoking room 넌스모킹 룸	**방값** room charge 룸 촤쥐

예약번호
reservation
number
뤠져베이션 넘버

방카드
card key
카드 키

😽 관련대화

A : 방을 예약하려고 하는데요.
I'd like to book a room.
아이드 라익 투 부커 룸

B : 어떤 방을 원하세요?
Which room do you want?
휘취 룸 두 유 원트

A : 싱글룸을 원합니다.
I want a single room.
아이 워너 씽글 룸

😽 관련단어

보증금	deposit	디파짙
환불	refund	뤼펀드
봉사료	service charge	써비스 촤쥐

① 프런트 front desk 프런트 데스크	② 접수계원 receptionist 뤼쎕셔니스트	③ 도어맨 doorman 도어맨
④ 벨보이 bellboy 벨보이	⑤ 사우나 sauna 싸우너	⑥ 회의실 conference room 칸퍼런스 룸
⑦ 레스토랑 restaurant 뤠스토런트	⑧ 룸메이드 housekeeper 하우스키퍼	⑨ 회계 accounting staff 어카운팅 스탶

관련대화

A : 호텔의 사우나는 어디 있나요?

Where is the sauna?

웨어 이즈 더 싸우너

B : 직진해서 오른쪽으로 꺾으시면 돼요.

Go straight and turn right.

고 스트뤠잇 앤 턴 롸잍

A : 사우나는 공짜인가요?

Is it free?

이즈 잇 프리

B : 네, 그렇습니다.

Yes, it is.

예스 잇 이즈

호텔
hotel
호텔

캠핑
camping
캠핑

게스트하우스
guesthouse
게스트하우스

유스호스텔
youth hostel
유쓰 호스텔

민박
B&B
비앤비

여관
inn
인

대학 기숙사
university dormitory
유니버시리 도미터뤼

관련대화

A : 호텔을 예약하려고요.

I'd like to make a reservation.

아이드 라익 투 메이커 뤠저베이션

B : 며칠이나 머무르실 거예요?

How long will you stay?

하우 롱 윌 유 스테이

A : 5월 1일 체크인해서 5월 4일 체크아웃할 거예요.

I will check in on May 1st and check out on May 4th.

아이 윌 췌킨 온 메이 펄스트 앤 췌카웃 온 메이 폴쓰

Unit 04 룸서비스

모닝콜
wake up call
웨이컵 콜

세탁
laundry
런드뤼

다림질
ironing
아이어닝

드라이클리닝
dry cleaning
드롸이 클리닝

방청소
cleaning up one's room
클리닝 업 원스 룸

식당 예약
restaurant reservation
뤠스토런 뤠져베이션

안마
massage
머싸쥐

식사
meal
밀

미니바
minibar
미니바

팁
tip
팊

관련대화

A : 룸서비스를 부탁드립니다.

Room service, please.

룸 써비스 플리즈

B : 네, 알겠습니다. 성함과 방번호가 어떻게 되세요?

Yes ma'am. What is your name and room number?

예스 맴 왓 이즈 유어 네임 앤 룸 넘버

A : 저는 제인이고요, 방번호는 22호입니다.

I'm Jane and the room number is 22.

아임 제인 앤 더 룸 넘버 이즈 트웨니투

Chapter 04 교통

Unit 01 탈것

비행기  air plane 에어 플레인	**헬리콥터** helicopter 헬리캅터	**케이블카** cable car 케이블 카
여객선 passenger ship 패씬져 쉽	**요트** yacht 야트	**잠수함** submarine 썹마륀
자동차 car 카	**버스** bus 버스	**기차** train 트뤠인
지하철 subway 썹웨이	**자전거** bike 바잌	**트럭** truck 트럭
크레인 crane 크뤠인	**모노레일** monorail train 모노레일 트뤠인	

소방차
fire engine
파이어 엔쥔

구급차
ambulance
앰뷸런스

이층버스
double-decker
bus
더블데커 버스

견인차
tow truck
토우 트럭

고속버스
express bus
익스프레스 버스

레미콘
concrete
mixer truck
콘크리트 믹써 트럭

순찰차
patrol car
패트롤 카

오토바이
motorcycle
모터싸이클

증기선
steamship
스팀쉽

지게차
forklift truck
포크리픗 트럭

열기구
hot-air balloon
핫에어 벌룬

스포츠카
sports car
스포츠 카

벤
van
밴

관련대화

A : 출근할 때 어떻게 해요?

How do you get to work?

하우 두 유 겟 투 월

B : 지하철로요.

By subway.

바이 썹웨이

좋은 말솜씨는 좋은 무기이다.

A good tongue is a good weapon.

어 굿 텅 이즈 어 굿 웨펀

Unit 02 자동차 명칭 / 자전거 명칭

① 엑셀(가속페달)
gas pedal
개스 페들

② 브레이크
brake
브레잌

③ 백미러
rear-view mirror
뤼어뷰 미러

④ 핸들
steering wheel
스티어링 휠

⑤ 클랙슨
klaxon
클랙슨

⑥ 번호판
license plate
라이슨스 플레잍

⑦ 변속기
transmission
트뢘스미션

⑧ 트렁크
trunk
트뤙크

⑨ 클러치
clutch
클러취

① 안장	② 앞바퀴	③ 뒷바퀴
saddle	front wheel	rear wheel
쌔들	프런트 윌	뤼어 윌

④ 체인	⑤ 페달	
chain	pedal	
췌인	패들	

🐦 관련대화

A : 트렁크를 좀 열어주세요.
Please open the trunk.
플리즈 오픈 더 트렁크

B : 네, 열었습니다.
Yes, I've opened it.
예스 아이브 오픈딧

🐦 관련단어

안전벨트	safety belt	쎄이프리 벨트
에어백	airbag	에어백
배터리	battery	배러뤼
엔진	engine	엔쥔
LPG	liquefied petroleum gas	리쿼파이드 패트롤름 개스
윤활유	lubricant	루브리컨트
경유	diesel	디즐
휘발유	gasoline	개설린
세차	car wash	카 와쉬

양보
Yield
일드

일시정지
Stop
스탑

추월금지
Do Not Pass
두 낫 패스

제한속도
Speed Limit
스피드 리밑
SPEED LIMIT 50

일방통행
One-Way Traffic
원웨이 트래픽

ONE WAY

주차금지
No Parking
노 파킹

우측통행
Keep Right
킵 롸잍
KEEP RIGHT

진입금지
Do Not Enter
두 낫 엔터

DO NOT ENTER

유턴금지
No U-Turn
노 유턴

낙석도로
Falling Rock
펄링 롹

어린이 보호구역
School Zone
스쿨 존

관련대화

A : 여기는 어린이 보호구역이네요.

This is a school zone.

디스 이저 스쿨 존

B : 네, 그래서 주행속도를 낮춰야 해요.

Yes, so we have to slow down the car.

예스 쏘 위 햅투 슬로우 다운 더 카

일찍 일어나는 새가 벌레를 잡는다.

The early bird catches the worm.

디 얼리 버드 캐취스 더 웜

좌회전 left turn 레풋 턴	우회전 right turn 롸잇 턴
직진 go straight 고 스트뤠잍	백(back) back 백
유턴 U-turn 유턴	동서남북 four cardinal directions 포 카디널 디뤡션스

관련대화

A : 도서관은 어떻게 가나요?
How do I get to the library?
하우 두 아이 겟 투 더 라이브러뤼

B : 여기에서 직진하세요.
Go straight from here.
고 스트뤠잇 프럼 히어

💗 관련단어

후진하다	back	백
(타이어가) 펑크 나다	break	브레잌
견인하다	go flat	고 플랱
갈아타다	tow	토우
교통 체증	transfer	트랜스퍼
주차위반 딱지	traffic jam	트래픽 잼
지하철노선도	parking ticket	파킹 티킽
대합실	subway map	썹웨이 맾
운전기사	waiting room	웨이링 룸
운전면허증	driver	드라이버
중고차	driver's license	드라이버스 라이센스
	used car	유즈드 카

신호등 traffic light 트래픽 라잍	횡단보도 crosswalk 크로스웕
주유소 gas station 개스테이션	인도 sidewalk 사이드웖
차도 roadway 로드웨이	고속도로 expressway 익스프레스웨이
교차로 intersection 인터쎅션	지하도 underground passage 언더그라운드 패씨쥐
버스정류장 bus stop 버스 스탚	방향표지판 signpost 싸인포스트
육교 pedestrian overpass 페데스트뤼언 오버패스	공중전화 payphone 페이폰

Chapter 05 관광

Unit 01 서양권 대표 관광지

그랜드캐니언 Grand Canyon 그랜드 캐년	**디즈니랜드** Disneyland 디즈니랜드
라스베이거스 Las Vegas 라스 베이거스	**센트럴파크** Central Park 센트럴 팍
자유의 여신상 Statue of Liberty 스테츄 어브 리버티	**자연사 박물관**  Natural History Museum 내추럴 히스토뤼 뮤지엄
타임스 스퀘어 Times Square 타임스퀘어	**나이아가라 폭포** Niagara Falls 나이아그라 펄스
금문교 Golden Gate Bridge 골든 게잇 브리지	**하와이** Hawaii 허와이

옐로스톤 국립공원
Yellowstone
National Park
옐로스톤 내셔널 팍

러시모어 산
Mount
Rushmore
마운트 러쉬모어

레고랜드
Legoland
레고랜드

유니버설 스튜디오
Universal Studio
유니버설 스튜디오

요세미티 국립공원
Yosemite
National Park
요세미티 내셔널 팍

항공우주 박물관
Air and Space
Museum
에어 앤 스페이스 뮤지엄

에펠탑
Eiffel Tower
아이펠 타워

루브르 박물관
Louvre Museum
루브르 뮤지엄

베르사유 궁전
Versailles
Palace
베르싸이 팰러스

피사의 사탑
Leaning Tower
of Pisa
리닝 타워 업 피사

콜로세움
Colosseum
칼러씨움

트레비 분수
Trevi Fountain
트레비 파운튼

시스티나 성당
Sistine Chapel
씨스틴 채플

베네치아 광장
Piazza Venezia
피아자 베네치아

피렌체 대성당
Florence Cathedral
플로런스 커띠드럴

성 베드로 광장
St. Peter's Square
세인 피터 스퀘어

알프스 산맥
Alps
앨프스

파르테논 신전
Parthenon
파써난

산토리니
Santorini
쌘토뤼니

빅 벤
Big Ben
빅 벤

버킹엄 궁전
Buckingham Palace
버킹엄 팰러스

대영박물관
British Museum
브리티쉬 뮤지엄

그리니치 천문대
Royal Greenwich Observatory
로열 그리니치 옵저버터뤼

웨스트민스터 사원
Westminster Abbey
웨슷민스터 애비

스톤헨지
Stonehenge
스톤헨쥐

오페라하우스
Opera house
아프러 하우스

하버 브리지
Harbor Bridge
하버 브리쥐

타롱가 동물원
Taronga zoo
타롱가 주

통가리로 국립공원
Tongariro
National Park

통가뤼로 내셔널 팍

와이토모 동굴
Waitomo
Caves

와이토모 캐입스

밀퍼드 사운드
Milford Sound

밀퍼드 사운드

관련대화

A : 미국에서 제일 가볼 만한 곳은 어디인가요?

Where is the best place to visit in America?

웨어 이즈 더 베스트 플레이스 투 비짓 인 어메뤼카

B : 저는 라스베이거스라고 생각해요. 그곳은 굉장히 흥미로운 도시예요.

I think Las Vegas is best. It is very exciting city.

아이 씽크 라스 베이거스 이즈 베스트 잇 이즈 베뤼 익싸이링 시리

연극
play
플레이

가면극
masque
매스크

아이스쇼
ice show
아이스 쇼

서커스
circus
써커스

발레
ballet
밸레이

팬터마임
pantomime
팬터마임

1인극
monodrama
모노드롸마

난타
Nanta
난타

락 페스티벌
rock festival
롹 페스티벌

콘서트
concert
칸써트

뮤지컬
musical
뮤지컬

클래식
classical music
클래시컬 뮤직

오케스트라
orchestra
오키스트러

마당놀이
Madangnori
마당노리

국악공연
Korean traditional
musical performance
코뤼안 트뢔디셔널 뮤지컬 퍼포먼스

관련대화

A : 저는 뮤지컬을 좋아하는데 어디가 유명한가요?
I like a musical. Where is famous for musical
performances?
아이 라이커 뮤지컬 웨어리즈 페이머스 포 뮤지컬 퍼포먼시스

B : 제 생각에는 브로드웨이가 세계에서 가장 유명해요.
I think Broadway is the most famous place in the world.
아이 씽크 브로드웨이 이즈 더 모스트 페이머스 플레이스 인 더 월드

A : 아 그래요. 감사합니다.
Oh, I see. Thank you.
오 아이 씨 땡큐

관련단어

관객, 청중	audience	어디언스

아시아(Asia)

대한민국(한국)
Republic of Korea (South Korea)
리퍼블릭 업 코뤼아 (싸우쓰 코뤼아)

중국 China 촤이나		**일본** Japan 재팬	
대만 Taiwan 타이완		**필리핀** Philippines 필리핀즈	
인도네시아 Indonesia 인도니자		**인도** India 인디아	
파키스탄 Pakistan 파키스탄		**우즈베키스탄** Uzbekistan 유즈베키스탄	
카자흐스탄 Kazakhstan 카작스탄		**러시아** Russia 뤄씨어	
몽골 Mongolia 만골리어		**태국** Thailand 타일랜드	

유럽(Europe)

스페인
Spain
스페인

프랑스
France
프랜스

포르투갈
Portugal
포르츄걸

아이슬란드
Iceland
아이슬런드

스웨덴
Sweden
스위든

노르웨이
Norway
노르웨이

핀란드
Finland
핀런드

아일랜드
Ireland
아이얼런드

영국
United
Kingdom
유나이리드 킹덤

독일
Germany
줘머니

라트비아
Latvia
랏비어

벨라루스
Belarus
벨래루스

우크라이나
Ukraine
유크뤠인

루마니아
Romania
로우메니아

이탈리아
Italy
이틀리

그리스
Greece
그뤼스

북아메리카(North America)

미국
the United States of America
더 유나이리드 스테잇첩 어메뤼카

캐나다
Canada
캐너더

그린란드
Greenland
그린런드

남아메리카(South America)

멕시코
Mexico
멕씨코우

쿠바
Cuba
큐버

과테말라
Guatemala
과터말러

베네수엘라
Venezuela
베네스웰러

에콰도르
Ecuador
에콰도르

페루
Peru
퍼루

브라질
Brazil
브라질

볼리비아
Bolivia
벌리비어

파라과이
Paraguay
패러과이

칠레
Chile
칠리

아르헨티나
Argentina
알젠티나

우루과이
Uruguay
유러궤이

중동(the Middle East)

터키(튀르키예)
Turkey(Türkiye)
터키(튀르키예)

시리아
Syria
씨뤼어

이라크
Iraq
아이랔

요르단
Jordan
조든

이스라엘
Israel
이스뤼얼

레바논
Lebanon
레버넌

오만
Oman
오만

아프가니스탄
Afghanistan
애프개니스탄

사우디아라비아
Saudi Arabia
싸디 어뤠비어

아프리카(Africa)

모로코
Morocco
모로코

알제리
Algeria
앨지뤼어

리비아
Libya
리비어

수단
Sudan
수댄

나이지리아
Nigeria
나이지리어

에티오피아
Ethiopia
이씨오피어

케냐
Kenya
케냐

오세아니아(Oceania)

오스트레일리아
Australia
어스트뤠일리어

뉴질랜드
New Zealand
뉴 질런드

피지
Fiji
피지

💕 관련대화

A : 당신은 어느 나라에 가고 싶어요?

Which country do you want to go to?

휘취 컨트뤼 두 유 원투 고 투

B : 저는 프랑스에 가고 싶어요.

I want to go to France.

아이 원투 고 투 프랜스

A : 왜요?

Why?

와이

B : 왜냐하면 프랑스에는 아름다운 건물과 박물관이 많이 있기 때문입니다.

Because there are many beautiful buildings and museums in France.

비코우즈 데어 아 매니 뷰티풀 빌딩스 앤 뮤지엄스 인 프랜스

국가	nation	네이션
인구	population	파퓰레이션
수도	capital	캐피틀
도시	city	씨리
시민	citizen	씨리즌
분단국가	divided country	디바이디드 컨트뤼
통일	unification	유니피케이션
민주주의	democracy	디마크러씨
사회주의	socialism	쏘셜리즘
공산주의	communism	카뮤니즘
선진국	developed country	디벨럽트 컨트뤼
개발도상국	developing country	디벨럽핑 컨트뤼
후진국	underdeveloped country	언더디벨럽트 컨트뤼
전쟁	war	워
분쟁	dispute	디스퓨트
평화	peace	피스
고향	home	홈
이민	immigration	이미그뤠이션
태평양	Pacific Ocean	퍼시픽 오션
대서양	Atlantic Ocean	애틀랜틱 오션
인도양	Indian Ocean	인디언 오션

| 3대양 | three Oceans | 쓰리 오션스 |
| 7대주 | seven Continents | 쎄븐 컨티넌츠 |

로스앤젤레스 Los Angeles 로샌젤러스	**뉴욕** New York 뉴 욕

| **워싱턴DC**
Washington DC
와싱턴 디씨 | **샌프란시스코**
San Francisco
샌 프런씨스코 |

| **파리**
Paris
패뤼스 | **런던**
London
런던 |

| **베를린**
Berlin
버를린 | **로마**
Rome
로움 |

| **서울**
Seoul
쏘울 | **북경**
Beijing
베이징 |

| **도쿄**
Tokyo
토우쿄 | **상해**
Shanghai
샹하이 |

| **시드니**
Sydney
시드니 | |

🫰 관련대화

A : 샌프란시스코에 가본 적 있어요?
Have you been to San Francisco?
해뷰 빈 투 샌 프런씨스코

B : 네, 가본 적이 있어요.
Yes, I've been there.
예스 아이브 빈 데어

아니요. 가본 적이 없어요.
No. I have never been there.
노 아이 햅 네버 빈 데어

A : 샌프란시스코는 어때요?
How about San Francisco?
하워바웃 샌 프런씨스코

B : 너무 좋아요.
So good.
쏘 굳

Part 3

비즈니스
단어

Chapter 01 경제

값이 비싼 expensive 익스펜시브	**값이 싼** inexpensive 이닉스펜시브
경기불황 economic depression 이커나믹 디프뤠션	**경기호황** economic boom 이커나믹 붐

수요 demand 디맨드	**공급** supply 써플라이	**고객** customer 커스터머
낭비 waste 웨이스트	**도산, 파산** bankruptcy 뱅크럽씨	**불경기** recession 리쎄션

물가상승 inflation 인플레이션	**물가하락** deflation 디플레이션

돈을 벌다
earn money
언 머니

무역수지 적자
trade deficit
트뤠이드 데피씰

무역수지 흑자
trade surplus
트뤠이드 써플러스

상업광고
commercial
커머셜

간접광고(PPL)
indirect advertisement
/ product placement
인디렉트 어드버타이즈먼트 / 프롸덕트 플레이스먼트

제조/생산
manufacture/
production
매뉴팩춰 / 프러덕션

수입
import
임폴

수출
export
엑스폴

중계무역
transit trade
트뢘짓 트뤠이드

수수료
commission
커미션

이익
profit
프라핕

전자상거래
e-commerce
이커머스

투자하다
invest
인베스트

A : 미국의 전자상거래는 지금 완전히 포화상태인 거 같아요.
E-commerce in the US is now completely saturated.
이커머스 인 더 유에스 이즈 나우 컴플리틀리 새춰뤠이티드

B : 그렇죠. 미국의 전자상거래는 지금 완전히 레드오션이에요.
Indeed. America's e-commerce is now completely red ocean.
인디드 어메뤼카스 이커머스 이즈 나우 컴플리틀리 뤠드 오션

관련단어

독점권	exclusive right	익스클루씨브 롸잍
총판권	exclusive distribution rights	익스클루씨브 디스트리뷰션 롸잇츠
상표권	trademark (rights)	트레이드막 (롸잇츠)
상표권침해	trademark infringement	트레이드막 인프린쥐먼트
특허권	patent	패튼트
증명서	certificate	써티피케잍
해외법인	overseas corporation	오버씨스 코퍼뤠이션
자회사	subsidiary	섭씨디에뤼
사업자등록증	certificate of business registration	써티피케이더브 비즈니스 뤠쥐스트뤠이션

오프라인	off-line	오프라인
온라인	on-line	온라인
레드오션전략	red ocean strategy	뤠드 오션 스트뤠러쥐
블루오션전략	blue ocean strategy	블루 오션 스트뤠러쥐
퍼플오션전략	purple ocean strategy	퍼플 오션 스트뤠러쥐
가격 인상	price increase	프롸이스 인크뤼즈
포화상태	saturation	쎄춰뤠이션
계약	contract	컨트뢕트
합작	collaboration	컬래버뤠이션
할인	discount	디스카운트
성공	success	썩쎄스
실패	failure	페일리어
벼락부자 (갑자기 부자가 된 사람을 뜻하는 신조어)	upstart	업스탈

Chapter 02 회사

Unit 01 직급, 지위

회장
chairman
췌어맨

사장
president
프뤠지던트

부사장
vice-president
바이스프뤠지던트

부장
general manager
줴너럴 매니저

차장
deputy general manager
데퓨리 줴너럴 매니저

과장
manager
매니저

대리
assistant manager
어씨스턴트 매니저

주임
assistant manager
어씨스턴트 매니저

사원
staff
스탭

상사
boss
보스

동료
colleague
칼리그

부하
subordinate
써보디넡

신입사원
new employee
뉴 임플로이

계약직
contract worker
컨트랙 워커

정규직
regular worker
레귤러 워커

관련대화

A : 제임스 씨 승진을 축하합니다.
Congratulations on your promotion, James.
컹그뤠츄레이션스 온 유어 프러모션 제임스

B : 모두 도와주신 덕분이에요.
Thanks to your support.
쌩쓰 투 유어 써포트

관련단어

임원	executive	이그젝큐티브
고문	advisor	어드바이써
전무	senior managing director	씨니어 매니징 디뤡터
상무	managing director	매니징 디뤡터
대표	representative	뤠프레젠터티브

구매부 **purchasing department** 퍼춰씽 디팟먼트	기획부 **planning department** 플래닝 디팟먼트
총무부 **general affairs department** 줴너럴 어페어스 디팟먼트	연구개발부 **research and development department** 리써취 앤 디벨롭먼 디팟먼트
관리부 **executive department** 이그젝큐티브 디팟먼트	회계부 **accounting department** 어카운팅 디팟먼트
영업부 **sales department** 쎄일즈 디팟먼트	인사부 **personnel department** 퍼스넬 디팟먼트

홍보부
public relations
department
퍼블릭 륄레이션스 디팟먼트

경영전략부
management strategy
department
매니지먼트 스트뤠러쥐 디팟먼트

해외영업부
overseas sales department
오버씨스 쎄일즈 디팟먼트

👾 관련대화

A : 저는 어느 부서에 지원을 하는 게 좋을 거 같아요?
   Which department do you think I should apply to?
   휘취 디팟먼 두 유 씽크 아이 슈드 어플라이 투

B : 당신은 사교적이라 영업부에 지원하면 좋을 것 같아요.
   You are sociable, so I think it would be nice to apply to
   the sales department.
   유 아 쏘셔블 쏘 아이 씽킷 우드 비 나이스 투 어플라이 투 더 쎄일즈 디팟먼트

| ① 컴퓨터 computer 컴퓨러 |
| ② 키보드 keyboard 키보드 |

| ③ 모니터 monitor 마니터 | ④ 마우스 mouse 마우스 | ⑤ 태블릿 tablet 태블릳 |

| ① 노트북 notebook 놋북 | ② 책상 desk 데스크 | ③ 서랍 drawer 드로어 |

④ **팩스**
fax machine
팩스 머쉰

⑤ **복사기**
copy machine
카피 머쉰

⑥ **전화기**
telephone
텔레폰

⑦ **A4용지**
A4 paper
에이포 페이퍼

⑧ **스캐너**
scanner
스캐너

⑨ **계산기**
calculator
캘큘레이러

⑩ **공유기**
router
롸우러

⑪ **일정표**
schedule
스케쥴

⑫ **테이블**
table
테이블

⑬ **핸드폰**
cellphone
쎌폰

⑭ **스마트폰**
smartphone
스맛폰

관련대화

A : 컴퓨터가 아침부터 계속 안되네요.

The computer does not work from the morning.
더 컴퓨러 더즈 낫 웍 프럼 더 모닝

B : 재부팅해보는 게 어때요?

How about rebooting the system?
하우 어바웃 리부팅 더 시스템

재부팅	rebooting	리부팅
아이콘	icon	아이칸
커서	cursor	커서
클릭	click	클릭
더블클릭	double click	더블 클릭
홈페이지	home page	홈 페이지
메일주소	e-mail address	이메일 어드레스
첨부파일	attached file	어태취드 파일
받은편지함	inbox	인박스
보낼편지함	outbox	아웃박스
스팸메일	spam mail	스팸 메일
댓글	comment	카멘트
방화벽	fire wall	파이어 월

Unit 04 근로

고용하다
employ
임플로이

고용주
employer
임플로이어

임금/급료
pay
페이

수수료
commission
커미션

해고하다
fire
파이어

인센티브
incentive
인쎈티브

승진
promotion
프러모션

출장
business trip
비즈니스 트맆

회의
meeting
미링

휴가
vacation
베케이션

출근하다
go to work
고 투 웍

퇴근하다
leave the office
리브 디 어피스

조퇴하다
leave early
리브 얼리

지각하다
be late
비 레잍

잔업 overtime work 오버타임 웍	연봉 annual salary 애뉴얼 쌜러뤼
이력서 resume 레쥬메이	가불 advance 어드밴스
은퇴 retirement 뤼타이어먼트	회식 team dinner 팀 디너

관련대화

A : 오늘 회식이니 모두 참석해주시기 바랍니다.

We have a team dinner today, so please join us.

위 해버 팀 디너 투데이 쏘 플리즈 조이너스

B : 네, 알겠습니다.

Yes sir.

예 써

💟 관련단어

연금	pension	펜션
보너스	bonus	보우너스
월급날	payday	페이데이
아르바이트	part-time job	팟타임 좝
급여 인상	pay raise	페이 뤠이즈

증권, 보험

증권거래소 stock exchange 스탁 익스췌인쥐	증권중개인 stockbroker 스탁브로커
주주 stockholder 스탁호울더	주식, 증권 stock 스탁
배당금 dividend 디비던드	선물거래 futures trading 퓨춰스 트뤠이딩
주가지수 stock index 스탁 인덱스	장기채권 long term bond 롱 텀 반드
보험계약자 policyholder 팔러씨호울더	보험회사 insurance company 인슈런스 컴퍼니

보험설계사
insurance broker
인슈런스 브로커

보험에 들다
insure
인슈어

보험증서
insurance policy
인슈런스 팔러씨

보험약관
insurance clause
인슈런스 클로즈

보험료
premium
프뤼미엄

보험금 청구
claim
클레임

피보험자
insured
인슈어드

관련대화

A : 주식을 좀 사려고 하는데 무엇을 해야 할까요?
I'm going to buy some stocks. What do I do?
아임 고잉 투 바이 썸 스탁스 왓 두 아이 두

B : 글쎄요. 전 주식에 대해선 아는 게 없어요.
I don't know anything about stocks.
아이 돈 노우 애니씽 어바웃 스탁스

일반양도증서	general warranty deed	쮀너럴 워런티 디드
파생상품	derivative	디뤼버티브
보험해약	cancellation of an insurance contract	캔썰레이션 어번 인슈런스 컨트랙트
보험금	benefit/insurance	베네핏/인슈런스
투자자	investor	인베스터
투자신탁	investment trust	인베슷먼 트뤄스트
자산유동화	asset securitization	어쎗 씨큐러리제이션
유상증자	rights issue	롸잇츠 이슈
무상증자	bonus issue	보너스 이슈
주식액면가	par value	파 밸류
기관투자가	institutional investor	인스티튜셔널 인베스터

Chapter 04 무역

물물교환 barter 바터	**구매자, 바이어** buyer 바이어
클레임 claim 클레임	**덤핑** dumping 덤핑
수출 export 엑스폴	**수입** import 임폴
선적 shipment 쉽먼트	**무역 보복** trade retaliation 트뤠이드 뤼탤리에이션
주문서 order sheet 오더 쉴	**신용장(LC)** letter of credit 레러 업 크레딭

관세
tariff
태맆

부가가치세
value added tax
밸류 애디드 택스

세관
customs
커스텀즈

관세사
customs broker
커스텀스 브로커

보세구역
bonded area
반디드 에뤼어

관련대화

A : 한국에 수입되는 자동차의 관세는 평균 10퍼센트예요.

The average tariff on cars imported into Korea is 10 percent.

디 애버뤼쥐 태맆 온 카즈 임폴티드 인투 코리아 이즈 텐 펄센트

B : 수입자동차가 비싼 이유군요.

That's why the imported cars are expensive.

댓츠 와이 디 임폴티드 카스 아 익스펜시브

박리다매	small profits and quick returns	스몰 프라핏 앤 퀵 뤼턴즈
컨테이너	container	컨테이너
무역회사	trading company	트뤠이딩 컴퍼니
응찰	bid	비드
포장명세서	packing list	패킹 리스트
송장	invoice	인보이스

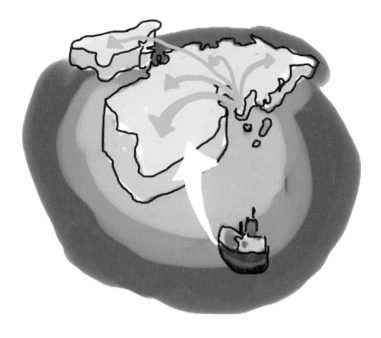

신용장 letter of credit 레러 업 크레딭	**주택담보대출** housing mortgage loan 하우징 모기지 로운
이자 interest 인터뤠스트	**대출** loan 로운
입금하다 deposit 디파짙	**출금하다** withdraw 위드드뤄
통장 bankbook 뱅크북	**송금하다** remit 뤼밑
현금인출기 ATM (automated teller machine) 오토메이티드 텔러 머쉰	**수표** check 췍

온라인 송금
on-line
remittance
온라인 뤼밋튼스

외화 송금
foreign currency
remittance
퍼런 커런씨 뤼밋튼스

환전
exchange
익스췌인쥐

신용등급
credit rating
크레딧 뤠이링

관련대화

A : 주택담보대출로 집을 사고 싶은데요.

I'd like to buy a house on a mortgage loan.

아이드 라익 투 바이 어 하우스 온 어 모기지 로운

B : 네, 신용등급이 높아서 가능하십니다. 잠시만 기다려보세요.

You have a good credit rating, so it's OK. Please wait a
moment.

유 해버 굿 크레딧 뤠이링 쏘 잇츠 오케이 플리즈 웨어러 모먼트

매매기준율	basic rate of exchange	베이직 뤠잇 업 익스췌인쥐
송금환율	remittance exchange rate	뤼밋튼스 익스췌인지 뤠잍
현찰매도율	cash selling rate	캐쉬 쎌링 뤠잍
현찰매입률	cash buying rate	캐쉬 바잉 뤠잍
신용카드	credit card	크레딧 카드
상환	repayment	뤼페이먼트
연체된	overdue	오버듀
고금리	high interest	하이 인터뤠스트
저금리	low interest	로우 인터뤠스트
담보	security	씨큐어리티
주택저당증권	mortgage-backed securities	모기지백드 씨큐리티스
계좌	account	어카운트
적금	installment savings	인스톨먼트 쎄이빙스

컴팩트

단어장

Chapter 01. 개인소개

Unit 01 성별, 노소   **22쪽**

여자	woman	워먼
남자	man	맨
노인	elderly person	앨들리 펄슨
중년	middle age	미들 에이쥐
소년	boy	보이
소녀	girl	걸
청소년	adolescent	애들레슨트
임산부	pregnant woman	프레그넌 워먼
어린이	child	촤일드
미취학 아동	preschooler	프리스쿨러
아기	baby	베이비

Unit 02 가족   **23쪽**
친가

친할아버지	paternal grandfather	퍼터널 그랜 파더
친할머니	paternal grandmother	퍼터널 그랜 마더
고모	aunt	앤트
고모부	uncle	엉클
큰아버지	uncle	엉클
큰어머니	aunt	앤트
작은아버지 (삼촌)	uncle	엉클
숙모	aunt	앤트
아버지(아빠)	father, dad	파더, 댇
어머니(엄마)	mother, mom	마더, 맘
사촌형/ 사촌오빠/ 사촌남동생	cousin	커즌
사촌누나/ 사촌언니/ 사촌여동생	cousin	커즌

외가   **24쪽**

외할아버지	maternal grandfather	머터널 그랜 파더
외할머니	maternal grandmother	머터널 그랜 마더
외삼촌	uncle	엉클
외숙모	aunt	앤트
이모	aunt	앤트
이모부	uncle	엉클
어머니(엄마)	mother, mom	마더, 맘
아버지(아빠)	father, dad	파더, 댇
사촌형/ 사촌오빠/ 사촌남동생	cousin	커즌
사촌누나/ 사촌언니/ 사촌여동생	cousin	커즌

가족   **24쪽**

아버지(아빠)	father, dad	파더, 댇
어머니(엄마)	mother, mom	마더, 맘
언니/누나	elder sister	엘더 시스터
형부/매형/ 매부	brother-in-law	브라더인러
오빠/형	elder brother	엘더 브라더
새언니/형수	sister-in-law	시스터인러
남동생	younger brother	영거 브라더
제수/올케	sister-in-law	시스터인러
여동생	younger sister	영거 시스터
제부/매제	brother-in-law	브라더인러
나(부인)	I(wife)	아이(와잎)
남편	husband	허즈번드
여자조카	niece	니스
남자조카	nephew	네퓨
아들	son	썬
며느리	daughter-in-law	도러인러

딸	daughter	도러
사위	son-in-law	썬인러
손자	grandson	그랜썬
손녀	granddaughter	그랜도러

관련단어   27쪽

외동딸	only daughter	온니 도러
외동아들	only son	온니 썬
결혼하다	marry	매뤼
이혼하다	divorce	디보스
신부	bride	브라이드
신랑	bridegroom	브라이드그룸
면사포	wedding veil	웨딩 베일
약혼	engagement	인게이쥐먼트
독신주의자	celibate	셀러뱉
과부	widow	위도우
기념일	anniversary	애니버써뤼
친척	relative	뤨러티브

Unit 03 삶(인생)   28쪽

태어나다	be born	비 본
백일	one hundredth day	원 헌드래쓰 데이
돌잔치	first-birthday party	펄스트 벌쓰데이 파리
유년시절	childhood	촤일드후드
학창시절	one's school days	원스 스쿨 데이스
첫눈에 반하다	love at first sight	러브 앳 펄스트 싸잍
삼각관계	eternal triangle	이터널 트롸이앵글
이상형	ideal type	아이디얼 타잎
사귀다	go out	고 아웃
연인	sweetheart	스윗할트
여자친구	girlfriend	걸프렌드
남자친구	boyfriend	보이프렌드

이별	breakup	브레이컵
재회	reunite	뤼유나이트
청혼	propose	프러포우즈
약혼하다	get engaged	겟 인게이쥐드
결혼하다	marry	매뤼
신혼여행	honeymoon	허니문
임신	pregnancy	프레그년씨
출산	birth	벌쓰
득남하다	have a baby boy	해버 베이비 보이
득녀하다	have a baby girl	해버 베이비 걸
육아	parenting	페어런팅
학부모	parents	페어런츠
유언	will	윌
사망	death	데쓰
장례식	funeral	퓨너럴
천국에 가다	go to Heaven	고 투 헤븐

관련단어   30쪽

어린 시절	childhood	촤일드후드
미망인	widow	위도우
홀아비	widower	위도워
젊은	young	영
늙은	old	올드

Unit 04 직업   31쪽

간호사	nurse	널스
약사	pharmacist	파머씨스트
의사	doctor	닥터
가이드	guide	가이드
선생님/교사	teacher	티쳐
교수	professor	프로페써
가수	singer	씽어
음악가	musician	뮤지션
화가	painter	페인터

소방관	fire fighter	파이어 파이터
경찰관	police officer	폴리스 오피서
공무원	civil servant	씨빌 써번트
요리사	cook	쿡
디자이너	designer	디자이너
승무원	flight attendant	플라잇 어텐던트
판사	judge	져지
검사	prosecutor	프로씨큐터
변호사	lawyer	러여
사업가	businessman	비즈니스맨
회사원	company employee	컴퍼니 임플로이
학생	student	스튜든트
운전기사	driver	드라이버
농부	farmer	파머
가정주부	housewife	하우스와입
작가	writer	롸이러
정치가	politician	폴리티션
세일즈맨	salesman	쎄일즈맨
미용사	hairdresser	헤어드레서
군인	soldier	솔져
은행원	bank clerk	뱅클럭
엔지니어	engineer	엔지니어
통역원	interpreter	인터프리러
비서	secretary	쎄크리터뤼
회계사	accountant	어카운턴트
이발사	barber	바버
배관공	plumber	플러머
수의사	veterinarian	베터내리언
건축가	architect	아키텍트
편집자	editor	에디더
성직자	cleric	클레릭
심리상담사	psychology counselor	사이컬러지 카운슬러
형사	police detective	폴리스 디텍티브

방송국 PD	producer	프로듀써
카메라맨	cameraman	캐머러맨
예술가	artist	아리스트
영화감독	film director	핌 디뤡터
영화배우	film actor	핌 액터
운동선수	athlete	애쓸릿
목수	carpenter	카펜터
프리랜서	freelancer	프리랜써

Unit 05 별자리   35쪽

양자리	Aries	에뤼스
황소자리	Taurus	토러스
쌍둥이자리	Gemini	져미나이
게자리	Cancer	캔써
사자자리	Leo	리오
처녀자리	Virgo	버고
천칭자리	Libra	리브러
전갈자리	Scorpio	스콜피오
사수자리	Sagittarius	사지테뤼어스
염소자리	Capricorn	캐프뤼콘
물병자리	Aquarius	어퀘뤼어스
물고기자리	Pisces	파이씨스

Unit 06 혈액형   36쪽

A형	type A	타입 에이
B형	type B	타입 비
O형	type O	타입 오
AB형	type AB	타입 에이비

관련단어   36쪽

피	blood	블러드
헌혈	blood donation	블러드 도네이션
혈소판	thrombocyte	쓰람버싸잍
혈관	blood vessel	블러드 베쓸
적혈구	red blood cell	뤠드 블러드 쎌

Unit 07 탄생석   37쪽

가넷	garnet	가닡
자수정	violet quartz	바이얼럿 쿼츠
아쿠아마린	aquamarine	아쿼마린
다이아몬드	diamond	다이어먼드
에메랄드	emerald	에머럴드
진주	pearl	펄
루비	ruby	루비
페리도트	peridot	페러닷트
사파이어	sapphire	싸파이어
오팔	opal	오우플
토파즈	topaz	토패즈
터키석	turquoise	터퀘이즈

Unit 08 성격   38쪽

명랑한	cheerful	취어풀
상냥한	tender	텐더
친절한	kind	카인드
당당한	confident	컨피던트
야무진	hard	하드
고상한	noble	노블
대범한	free-hearted	프리허디드
눈치가 빠른	ready-witted	뤠디위디드
솔직한	straightforward	스트레잇포워드
적극적인	active	액티브
사교적인	sociable	쏘셔블
꼼꼼한	meticulous	머티큘러스
덜렁거리는	clumsy	클럼지
겁이 많은	cowardly	코워들리
보수적인	conservative	컨서버티브
개방적인	open	오픈
뻔뻔한	brazen	브레이즌
심술궂은	bad-tempered	배드템퍼드
긍정적인	positive	파저티브
부정적인	negative	네거티브
다혈질인	hot-tempered	핫템퍼드

냉정한	cold	코울드
허풍 떠는	bragging	브래깅
소심한	timid	티미드
소극적인	passive	패시브
너그러운	generous	줴너러스
겸손한	modest	마디스트
진실된	truthful	트루쓰풀
동정심이 많은	sympathetic	씸퍼쎄릭
인정이 많은	kindhearted	카인허디드
버릇없는	ill-mannered	일매너드
잔인한	brutal	부르를
거만한	proud	프라우드
유치한	childish	촤일디쉬
내성적인	introverted	인트로버디드
외향적인	extroverted	엑스트로버디드

관련단어   41쪽

성향	tendency	텐던씨
기질	disposition	디스포지션
울화통	pent-up anger	펜텁 앵거
성격	character	캐랙터
인격	personality	퍼스낼리티
태도	attitude	애리튜드
관계	relationship	릴레이션십
말투	one's way of talking	원스 웨이 업 토킹
표준어	standard language	스탠다드 랭귀지
사투리	dialect	다이얼렉트

Unit 09 종교   42쪽

천주교	Roman Catholicism	로만 캐톨릭 시즘
기독교	Christianity	크리스차니티
불교	Buddhism	붓디즘
이슬람교	Islam	이슬람

유대교	udaism	주대이즘
무교	irreligion	이릴리젼

관련단어 43쪽

성당	Catholic church	캐톨릭 칠취
교회	church	칠취
절	Buddhist temple	부디스트 템플
성서/성경	Bible	바이블
경전	Scriptures	스크립춰스
윤회, 환생	reincarnation	뤼인카네이션
전생	previous existence	프리비어스 이 그지스턴스
성모마리아	the Virgin Mary	더 버진 매 어뤼
예수	Jesus	지져스
불상	statue of the Buddha	스태튜 업 더 붓다
부처	Buddha	붓다
종교	religion	릴리젼
신부	priest	프뤼스트
수녀	nun	넌
승려	monk	몽크
목사	pastor	패스터

Chapter 02 신체

Unit 01 신체명 44쪽

머리	head	헤드
눈	eye	아이
코	nose	노우즈
입	mouth	마우쓰
이	tooth	투쓰
귀	ear	이어
목	neck	넥
어깨	shoulder	숄더
가슴	chest	췌스트
배	stomach	스터먹

손	hand	핸드
다리	leg	레그
무릎	knee	니
발	foot	풋

등	back	백
머리카락	hair	헤어
팔	arm	암
허리	waist	웨이스트
엉덩이	hip	힙
발목	ankle	앵클

턱수염	beard	비어드
구레나룻	sideburn	사이드번
눈꺼풀	eyelid	아이리드
콧구멍	nostril	너스트럴
턱	jaw	줘
눈동자	pupil	퓨플
목구멍	throat	쓰롯
볼/뺨	cheek	칰
배꼽	navel	네이블
손톱	nail	네일
손목	wrist	뤼스트
손바닥	palm	팜
혀	tongue	텅
피부	skin	스킨
팔꿈치	elbow	엘보우

갈비뼈	rib	립
고막	eardrum	이어드럼
달팽이관	cochlea	카클리어
뇌	brain	브레인
폐	lung	렁
간	liver	리버
심장	heart	할트
다리뼈	leg bone	레그 본

근육	muscle	머쓸
위	stomach	스터먹
대장	large intestine	라진테스틴
식도	gullet	걸렅

관련단어 47쪽

건강한	healthy	헬씨
근시	near-sightedness	니어 싸이드니스
난시	astigmatism	어스티그머티즘
대머리	bald head	볼드헤드
동맥	artery	아터뤼
정맥	vein	베인
맥박	pulse	펄스
체중	weight	웨잍
세포	cell	쎌
소화하다	digest	다이제스트
시력	eyesight	아이싸잍
주름살	wrinkles	링클스
지문	fingerprint	핑거프린트

Unit 02 병명 49쪽

천식	asthma	애즈머
고혈압	high blood pressure	하이 블러드 프뤠셔
소화불량	indigestion	인디제스천
당뇨병	diabetes	다이아비디스
생리통	menstrual pain	멘스트럴 페인
알레르기	allergy	앨러쥐
심장병	heart disease	할트 디지스
맹장염	appendicitis	어펜디사이디스
위염	gastritis	게스트라이디스
배탈	stomach disorder	스터먹디스오더
감기	cold	코울드
설사	diarrhea	다이어리어

장티푸스	typhoid	타이포이드
결핵	tuberculosis	투버큘러시스
고산병	mountain sickness	마운튼 씨니스
광견병	rabies	뤠이비스
뎅기열	dengue fever	덴기 피버
저체온증	hypothermia	하이포써미아
폐렴	pneumonia	누모우니아
식중독	food poisoning	푸드 포이즈닝
기관지염	bronchitis	브랑카이디스
열사병	heatstroke	힛스트롴
치통	toothache	투쎄잌
간염	hepatitis	해퍼타이디스
고열	high fever	하이 피버
골절	fracture	프랙춰
기억상실증	amnesia	앰니지아
뇌졸중	apoplexy	애퍼플랙씨
독감	flu	플루
두통	headache	헤데잌
마약중독	drug addiction	드럭 애딕션
불면증	insomnia	인썸니아
비만	obesity	오비써티
거식증	anorexia	애너뤸시아
우두	cowpox	카우팍스
암	cancer	캔써
천연두	smallpox	스몰팍스
빈혈	anemia	어니미아

관련단어 52쪽

가래	phlegm	플램
침	spit	스핕
열	fever	피버
여드름	pimple	핌플
블랙헤드	blackhead	블랙헤드
알레르기 피부	allergic skin	앨러직 스킨

콧물이 나오다	have a runny nose	해버 뤄니 노우즈
눈물	tear	티어
눈곱	sleep	슬립
치질	hemorrhoids	해머로이즈
모공	pore	포어
각질	dead skin cell	데드 스킨 쎌
피지	sebum	씨범
코딱지	booger	부거

Unit 03 약명   53쪽

아스피린	aspirin	애스피린
소화제	digestive medicine	다이제스티브 메디슨
제산제	antacid	앤태씨드
반창고	adhesive bandage	앳히씨브 밴디쥐
수면제	sleeping pill	슬리핑 필
진통제	pain reliever / analgesic	페인 륄리버/ 애널쥐직
해열제	fever reducer / antipyretic	피버 뤼듀씌/ 안티페이뤠틱
멀미약	motion sickness reliever	모션 씨크니스 륄리버
기침약	cough medicine	콥 메디슨
지혈제	styptic	스팁틱
소염제	anti inflammatory drug	앤티 인플래머토뤼 드럭
소독약	antiseptic	앤티쎕틱
변비약	laxative	렉써티브
안약	eye lotion	아이 로션
붕대	bandage	밴디쥐
지사제	antidiarrheal	앤티다이어뤼얼
감기약	cold medicine	코울드 메디슨
비타민	vitamin	바이러민

영양제	nutrient	누트뤼언트
무좀약	athlete's foot ointment	애쓸릿스 풋 오인먼트

관련단어   55쪽

건강검진	medical check-up	메디컬 체컵
내과의사	physician	피지션
노화	aging	에이징
면역력	immunity	이뮤니디
백신(예방)접종	vaccination	백쎄네이션
병실	sickroom	씩룸
복용량	dosage	도시지
부상	injury	인줘리
부작용	side effect	싸이드 이펙트
산부인과 의사	obstetrician	업스터트리션
낙태	abortion	어보션
소아과 의사	children's doctor	칠드런스 닥터
식욕	appetite	애피타잍
식이요법	diet	다이엍
수술	surgery	써저리
외과의사	surgeon	써전
치과의사	dentist	덴티스트
약국	pharmacy	파머씨
약사	pharmacist	파머씨스트
의료보험	medical insurance	메디컬 인슈런스
이식하다	transplant	트랜스플랜트
인공호흡	artificial breathing	아티피셜 브뤼딩
종합병원	general hospital	줴너럴 하스피럴
침술	acupuncture	애큐펑춰
중환자실	intensive care unit	인텐시브 케어 유닡
응급실	emergency room	이머전시 룸

처방전	prescription	프리스크립션
토하다	throw up	쓰로우 업
어지러운	dizzy	디지
속이 메스꺼운	nauseous	너셔스

Unit 04 생리현상　　　　　　57쪽

트림	burp	벌
재채기	sneeze	스니즈
한숨	sigh	싸이
딸꾹질	hiccup	히껍
하품	yawning	야닝
눈물	tear	티어
대변	feces	피씨즈
방귀	fart	파트
소변	urine	유런

Chapter 03 감정, 행동 표현

Unit 01 감정　　　　　　58쪽

기분 좋은	delightful	딜라잇풀
흥분한	excited	익싸이디드
재미있는	funny	퍼니
행복한	happy	해피
즐거운	pleasant	플리즌트
좋은	good	굳
기쁜	glad	글래드
힘이 나는	encouraged	인커리쥐드
자랑스러운	proud	프라우드
짜릿한	thrilled	쓰릴드
감격한	deeply moved	딥플리 뭅드
부끄러운	ashamed	어쉐임드
난처한	embarrassed	임베러스드
외로운	lonely	론니
관심 없는	uninterested	언인터뤠스티드
화난	angry	앵그뤼
무서운	scary	스케뤼
불안한	uneasy	어니지

피곤한	tired	타이어드
불쾌한	unpleasant	언플리즌트
괴로운	distressed	디스트뤠스드
지루한	bored	볼드
슬픈	sad	새드
원통한	mortified	몰티파이드
비참한	miserable	미져블
짜증 나는	annoyed	어노이드
초조한	fretful	프렛풀
무기력한	spiritless	스피릿러스
불편한	uncomfortable	언컴퍼터블
놀란	surprised	서프라이즈드
질투하는	jealous	젤러스
사랑하다	love	러브
싫어하다	hate	헤잍
행운을 빕니다	Lots of luck	랏쵸브 럭
고마워요	Thank you	쌩큐

Unit 02 칭찬　　　　　　61쪽

멋져요	Great!	그레잍
훌륭해요	Excellent!	엑썰런트
굉장해요	Awesome!	어썸
대단해요	Wonderful!	원더풀
귀여워요	Cute!	큐트
예뻐요	Pretty!	프리디
아름다워요	Beautiful!	뷰리풀
최고예요	Best!	베스트
참 잘했어요	Good job!	굿 찹

Unit 03 행동　　　　　　62쪽

세수하다	wash one's face	와쉬 원스 페이스
청소하다	clean	클린
자다	sleep	슬맆
일어나다	wake up	웨이컵
빨래하다	wash	와쉬

먹다	eat	잍
마시다	drink	드링크
요리하다	cook	쿡
설거지하다	do the dishes	두 더 디쉬스
양치질하다	brush one's teeth	브뤄쉬 원스 티쓰
샤워하다	shower	샤워
옷을 입다	wear	웨어
옷을 벗다	take off	테이커프
쓰레기를 버리다	throw away garbage	쓰로 어웨이 가비쥐
창문을 열다	open a window	오픈 어 윈도우
창문을 닫다	close a window	클로즈 어 윈도우
불을 켜다	turn on the light	턴 온 더 라잍
불을 끄다	turn off the light	턴 오프 더 라잍
오다	come	컴
가다	go	고
앉다	sit	싵
서다	stand	스탠드
걷다	walk	워크
달리다	run	뤈
놀다	play	플레이
일하다	work	워크
웃다	laugh	랲
울다	cry	크롸이
나오다	come out	컴 아웃
들어가다	enter	엔터
묻다	ask	애스크
대답하다	answer	앤써
멈추다	stop	스탑
움직이다	move	무브
올라가다	go up	고 엎
내려가다	go down	고 다운
박수 치다	clap	클랲
찾다	find	파인드

흔들다	shake	쉐익
춤추다	dance	댄스
뛰어오르다	jump	점프
넘어지다	fall	펄
읽다	read	뤼드
싸우다	fight	파잍
말다툼하다	quarrel	쿼럴
인사	greeting	그뤼딩
대화	conversation	컨버쎄이션
쓰다	write	롸잍
던지다	throw	쓰로우
잡다	catch	캐취

관련단어		65쪽
격려하다	encourage	인커뤼쥐
존경하다	respect	뤼스펙트
지지하다	support	써폴
주장하다	insist	인씨스트
추천하다	recommend	뤠커멘드
경쟁하다	compete	컴핕
경고하다	warn	원
설득하다	persuade	퍼쉐이드
찬성하다	agree	어그뤼
반대하다	oppose	어포우스
재촉하다	push	푸쉬
관찰하다	observe	업져브
상상하다	imagine	이매쥔
기억하다	remember	뤼멤버
후회하다	regret	뤼그뤳
약속하다	promise	프라미스
신청하다	request	뤼퀘스트
비평하다	criticize	크리티싸이즈
속삭이다	whisper	위스퍼
허풍을 떨다	brag	브래그
의식하는	conscious	컨셔스
추상적인	abstract	앱스트랙트

Unit 04 인사   67쪽

안녕하세요	How are you?	하와 유
아침인사 (안녕하세요)	Good morning.	굿 모닝
점심인사 (안녕하세요)	Good afternoon.	굿 애프터눈
저녁인사 (안녕하세요)	Good evening.	굿 이브닝
처음 뵙겠습니다	How do you do?	하우 두 유 두
만나 뵙고 싶었습니다	I wanted to see you.	아이 워니드 투 씨 유
잘 지냈어요	How have you been?	하우 해뷰 빈
만나서 반갑습니다	Nice to meet you.	나이스 투 미츄
오랜만이에요	It's been a long time.	잇츠 빈 어 롱 타임
안녕히 가세요	Good bye.	굿 바이
또 만나요	See you again.	씨 유 어겐
안녕히 주무세요	Good night.	굿 나잇

Unit 05 축하   69쪽

생일 축하합니다	Happy birthday.	해피 벌쓰데이
결혼 축하합니다	Congratulations on your marriage.	콩그뤠츄레이션스 온 유어 메뤼쥐
합격 축하합니다	Congratulations on passing.	콩그뤠츄레이션스 온 패씽
졸업 축하합니다	Congratulations on your graduation.	콩그뤠츄레이션스 온 유어 그레쥬레이션
명절 잘 보내세요	Have a good holiday.	해버 굿 할러데이
새해 복 많이 받으세요	Happy New Year.	해피 뉴 이어
즐거운 성탄절 되세요	Merry Christmas.	메뤼 크리스마스

Chapter 04 교육

Unit 01 학교   70쪽

유치원	kindergarten	킨더가든
초등학교	primary school	프라이메뤼 스쿨
중학교	middle school	미들 스쿨
고등학교	high school	하이 스쿨
대학교	university	유니버씨리
학사	bachelor	배첼러
석사	master	매스터
박사	doctor	닥터
대학원	graduate school	그레쥬에잇 스쿨

관련단어   71쪽

학원	institute	인스티튜트
공립학교	public school	퍼블릭 스쿨
사립학교	private school	프라이빗 스쿨
교장	principal	프린써플
학과장	dean	딘
신입생	freshman	프레쉬맨
학년	grade	그뤠이드

Unit 02 학교시설   72쪽

교정	campus	캠퍼스
교문	school gate	스쿨 게잇
운동장	playground	플레이그롸운드
교장실	principal's office	프린써플소피스
사물함	locker	라커
강의실	lecture room	렉춰 룸
화장실	toilet	토일럿
교실	classroom	클래스룸
복도	hallway	홀웨이
도서관	library	라이브러뤼
식당	cafeteria	카페테뤼아

기숙사	dormitory	도미터뤼
체육관	gym	짐
매점	cafeteria	카페테뤼아
교무실	teacher's room	티춰스 룸
실험실	laboratory	래브러토뤼

입학	admission	어드미션
졸업	graduation	그래쥬에이션
숙제	homework	홈워크
시험	test	테스트
논술	essay	에쎄이
채점	marking	마킹
전공	major	메이져
학기	semester	씨메스터
등록금	tuition	투이션
컨닝	cheating	취딩

Unit 03 교과목 및 관련 단어　74쪽

영어	English	잉글리쉬
중국어	Chinese	차이니즈
일본어	Japanese	재패니즈
철학	philosophy	필로소피
문학	literature	릿트러춰
수학	math	매쓰
경제	economics	이코노믹스
상업	commerce	커머스
기술	technology	테크널리쥐
지리	geography	쥐아그래피
건축	architecture	아키텍춰
생물	biology	바이얼러쥐
화학	chemistry	케미스트뤼
천문학	astronomy	어스트로너미
역사	history	히스토뤼
법률	law	러
정치학	politics	팔러틱스
사회학	sociology	쏘씨얼리쥐
음악	music	뮤직
체육	physical education(PE)	피지컬 에듀케이션
윤리	ethics	에씩스
물리	physics	피직스
받아쓰기	dictation	딕테이션
중간고사	mid-term exam	미드텀 이그잼
기말고사	final exam	파이널 이그잼
장학금	scholarship	스칼러쉽

Unit 04 학용품　79쪽

공책(노트)	notebook	놋북
지우개	eraser	이뤠이써
볼펜	ball-point pen	볼포인트 펜
연필	pencil	펜쓸
노트북	notebook	놋북
책	book	북
칠판	blackboard	블랙보드
칠판지우개	blackboard eraser	블랙보드 이뤠이써
필통	pencil case	펜쓸 케이스
샤프	mechanical pencil	매커니컬 펜쓸
색연필	colored pencil	컬러드 펜쓸
압정	tack	택
만년필	fountain pen	파운튼 펜
클립	clip	클맆
연필깎이	pencil sharpener	펜쓸 샤프너
크레파스	pastel crayon	파스텔 크뤠용
화이트	correction fluid	커뤡션 플루이드
가위	scissors	씨저스
풀	glue	글루
물감	paint	페인트

잉크	ink	잉크
자	ruler	룰러
스테이플러	stapler	스테플러
스케치북	sketchbook	스케치북
샤프심	lead	레드
칼	utility knife	유틸리디 나잎
파일	file	파일
매직펜	marker pen	마커 펜
사인펜	felt-tip pen	펠팁 펜
형광펜	highlighter	하이라이러
테이프	tape	테잎
콤파스	compass	컴퍼스

Unit 05 부호   82쪽

더하기	plus	플러스
빼기	minus	마이너스
나누기	divide	디바이드
곱하기	times	타임즈
크다/작다	greater/less	그레이러/레스
같다	equal	이퀄
마침표	period	피리어드
느낌표	exclamation mark	익스클러메이션 막
물음표	question mark	퀘스쳔 막
하이픈	hyphen	하이픈
콜론	colon	콜런
세미콜론	semicolon	쎄미콜런
따옴표	quotation marks	쿼테이션 막스
생략기호	ellipsis	일립시즈
at/골뱅이	at	앳
루트	square root	스퀘어 룰
슬러쉬	forward slash	포워드 슬래쉬

Unit 06 도형   84쪽

| 정사각형 | square | 스퀘어 |

삼각형	triangle	트라이앵글
원	circle	써클
사다리꼴	trapezoid	트뤠퍼줘이드
원추형	cone	콘
다각형	polygon	팔리간
부채꼴	sector	쎅터
타원형	oval	오블
육각형	hexagon	핵써간
오각형	pentagon	펜터간
원기둥	cylinder	씰린더
평행사변형	parallelogram	패럴렐러그램
각뿔	pyramid	피러미드

Unit 07 숫자   86쪽

영	zero	지로우
하나	one	원
둘	two	투
셋	three	쓰리
넷	four	포
다섯	five	파이브
여섯	six	씩스
일곱	seven	쎄븐
여덟	eight	에잍
아홉	nine	나인
열	ten	텐
이십	twenty	투웬티
삼십	thirty	써리
사십	forty	포리
오십	fifty	핍티
육십	sixty	씩스티
칠십	seventy	쎄븐디
팔십	eighty	에이리
구십	ninety	나인디
백	hundred	헌드뤠드
천	thousand	싸우전드
만	ten thousand	텐 싸우전드

십만	hundred thousand	헌드뤠드 싸우전드
백만	million	밀리언
천만	ten million	텐 밀리언
억	hundred million	헌드뤠드 밀리언
조	trillion	트릴리언

Unit 08 학과   88쪽

국어국문학과	department of Korean language and literature	디팟먼 업 코뤼안 랭귀지 앤 리터러춰
영어영문학과	department of English language and literature	디팟먼 업 잉글리쉬 랭귀지 앤 리터러춰
경영학과	department of business administration	디팟먼 업 비즈니스 어드미니스트뤠이션
정치외교학과	department of political science and international relations	디팟먼 업 팔리티컬 싸이언스 앤 인터내셔널 릴레이션스
신문방송학과	department of mass communication	디팟먼 업 매스 커뮤니케이션
법학과	department of law	디팟먼 업 러
전자공학과	department of electronic engineering	디팟먼 업 일렉트로닉 엔지니링
컴퓨터공학과	department of computer engineering	디팟먼 업 컴퓨러 엔지니링
물리학과	department of physics	디팟먼 업 피직스
의학과	department of medicine	디팟먼 업 메디슨
간호학과	department of nursing	디팟먼 업 널씽

약학과	department of pharmacy	디팟먼 업 파머씨

Chapter 05 계절/월/요일

Unit 01 계절   90쪽

봄	spring	스프링
여름	summer	써머
가을	fall	펄
겨울	winter	윈터

Unit 02 요일   91쪽

월요일	Monday	먼데이
화요일	Tuesday	투스데이
수요일	Wednesday	웬즈데이
목요일	Thursday	썰스데이
금요일	Friday	프라이데이
토요일	Saturday	쌔러데이
일요일	Sunday	썬데이

Unit 03 월   92쪽

1월	January	재뉴어뤼
2월	February	페브뤄뤼
3월	March	마취
4월	April	에이프럴
5월	May	메이
6월	June	준
7월	July	줄라이
8월	August	어거스트
9월	September	셉템버
10월	October	악토버
11월	November	노벰버
12월	December	디쎔버

Unit 04 일   93쪽

1일	first	펄스트
2일	second	쎄컨드

3일	third	써드
4일	fourth	폴쓰
5일	fifth	핍쓰
6일	sixth	씩쓰
7일	seventh	쎄븐쓰
8일	eighth	에잇쓰
9일	ninth	나인쓰
10일	tenth	텐쓰
11일	eleventh	일레븐쓰
12일	twelfth	트웰프쓰
13일	thirteenth	썰틴쓰
14일	fourteenth	폴틴쓰
15일	fifteenth	핍틴쓰
16일	sixteenth	씩스틴쓰
17일	seventeenth	쎄븐틴쓰
18일	eighteenth	에이틴쓰
19일	nineteenth	나인틴쓰
20일	twentieth	트웬티쓰
21일	twenty first	트웬티 펄스트
22일	twenty second	트웬티 쎄컨드
23일	twenty third	트웬티 써드
24일	twenty fourth	트웬티 폴쓰
25일	twenty fifth	트웬티 핍쓰
26일	twenty sixth	트웬티 씩쓰
27일	twenty seventh	트웬티 쎄븐쓰
28일	twenty eighth	트웬티 에잇쓰
29일	twenty ninth	트웬티 나인쓰
30일	thirtieth	썰티쓰
31일	thirty first	썰티 펄스트

관련단어   95쪽

달력	calendar	캘린더
다이어리	diary	다이어뤼
노동절	Labor Day	레이버 데이
크리스마스	Christmas	크리스머스

추수감사절	Thanksgiving Day	땡스기빙 데이
국경일	national holiday	내셔널 할러데이

Unit 05 시간   96쪽

새벽	dawn	던
아침	morning	모닝
오전	morning	모닝
점심	lunch	런취
오후	afternoon	애프터눈
저녁	evening	이브닝
밤	night	나잇
시	hour	아우어
분	minute	미닛
초	second	쎄컨드
어제	yesterday	예스터데이
오늘	today	투데이
내일	tomorrow	투마로우
내일모레	day after tomorrow	데이 애프터 투마로우
하루	day	데이

관련단어   98쪽

지난주	last week	래스트 윅
이번 주	this week	디스 윅
다음 주	next week	넥스트 윅
일주일	a week	어 윅
한 달	a month	어 먼쓰
일 년	a year	어 이어

Chapter 06 자연과 우주
Unit 01 날씨 표현   100쪽

맑은	clear	클리어
따뜻한	warm	웜
화창한	sunny	써니
더운	hot	핫

흐린	cloudy	클라우디
안개 낀	foggy	퍼기
습한	humid	휴미드
시원한	cool	쿨
쌀쌀한	chilly	칠리
추운	cold	코울드
장마철	rainy season	뤠이니 씨즌
천둥	thunder	썬더
번개	lightning	라잇닝
태풍	typhoon	타이푼
비가 오다	rain	뤠인
비가 그치다	rain stops	뤠인 스탑스
무지개가 뜨다	rainbow rises	뤠인보우 롸이지즈
바람이 불다	wind blows	윈드 블로우즈
눈이 내리다	snow	스노우
얼음이 얼다	ice forms	아이스 폼즈
서리가 내리다	frost falls	프뤄스트 펄스

Unit 02 날씨 관련 　　　　　102쪽

해	sun	썬
구름	cloud	클라우드
비	rain	뤠인
바람	wind	윈드
눈	snow	스노우
고드름	icicle	아이씨클
별	star	스타
달	moon	문
우주	space	스페이스
우박	hail	헤일
홍수	flood	플러드
가뭄	drought	드라웉
지진	earthquake	얼쓰퀘잌
자외선	ultraviolet rays	울트롸바이얼릿 뤠이즈
열대야	tropical night	트로피컬 나잍

오존층	ozone layer	오우존 레이어
화산(화산 폭발)	volcano(volcanic eruption)	벌케이노(벌케닉 이럽션)

관련단어 　　　　　103쪽

토네이도	tornado	토네이도
고기압	high atmospheric pressure	하이 앳머스페릭 프뤠셔
한랭전선	cold front	콜드 프런트
온도	temperature	템퍼춰
한류	cold current	콜드 커런트
난류	warm current	웜 커런트
저기압	low atmospheric pressure	로 앳머스페릭 프뤠셔
일기예보	weather forecast	웨더 퍼캐스트
계절	season	씨즌
화씨	Fahrenheit	페런하일
섭씨	Celsius	쎌시어스
연무	smog	스모그
아지랑이	heat haze	힛 헤이즈
진눈깨비	sleet	슬맅
강우량	rainfall	뤠인펄
미풍	breeze	브리즈
돌풍	gust	거스트
폭풍	storm	스톰
대기	atmosphere	앳머스피어
공기	air	에어

Unit 03 우주 환경과 오염 　　105쪽

지구	Earth	얼쓰
수성	Mercury	머큐리
금성	Venus	비너스
화성	Mars	마쓰
목성	Jupiter	쥬피터

토성	Saturn	쌔턴
천왕성	Uranus	유러너스
명왕성	Pluto	플루토
태양계	solar system	쏠러 씨스템
외계인	alien	에일리언
행성	planet	플래닡
은하계	galactic system	걸래틱 씨스템
북두칠성	Big Dipper	빅 디퍼
카시오페이아	Cassiopeia	캐시어피어
큰곰자리	Great Bear	그뤠잇 베어
작은곰자리	Little Bear	리를 베어
환경	environment	인바이런먼트
파괴	destruction	디스트뤽션
멸망	fall	펄
재활용	recycling	뤼싸이클링
쓰레기	waste	웨이스트
쓰레기장	dump	덤프
하수 오물	sewage	쑤이쥐
폐수	waste water	웨이슷 워터
오염	pollution	펄루션
생존	survival	써바이블
자연	nature	네이춰
유기체	organism	오거니즘
생물	creature	크리춰
지구온난화	global warming	글로벌 워밍
보름달	full moon	풀 문
반달	half moon	핲 문
초승달	new moon	뉴 문
유성	meteor	미티어
위도	latitude	래리튜드
경도	longitude	란저튜드
적도	equator	이퀘이터
일식	solar eclipse	쏘울러 이클립스

Unit 04 동식물

108쪽

포유류	Mammal	
사슴	deer	디어
고양이	cat	캩
팬더(판다)	panda	팬다
사자	lion	라이언
호랑이	tiger	타이거
기린	giraffe	쥐래프
곰	bear	베어
다람쥐	squirrel	스꿔럴
낙타	camel	캐멀
염소	goat	고우트
표범	leopard	레퍼드
여우	fox	팍쓰
늑대	wolf	울프
고래	whale	웨일
코알라	koala	코알라
양	sheep	쉽
코끼리	elephant	엘리펀트
돼지	pig	피그
말	horse	홀스
원숭이	monkey	멍키
하마	hippo	히뽀
얼룩말	zebra	지브러
북극곰	polar bear	포울러 베어
바다표범	seal	씰
두더지	mole	모울
개	dog	도그
코뿔소	rhinoceros	라이나쎄러스
쥐	mouse	마우스
소	cow	카우
토끼	rabbit	래빗
레드판다	red panda	퉤드 팬다
캥거루	kangaroo	캥거루
박쥐	bat	뱉

곤충/거미류	Insecta/Arachnid	**110쪽**
모기	mosquito	머스끼토우
파리	fly	플라이
벌	bee	비
잠자리	dragonfly	드래건플라이
거미	spider	스파이더
매미	cicada	씨캐이더
바퀴벌레	cockroach	칵크로취
귀뚜라미	cricket	크리킷
풍뎅이	chafer	췌이퍼
무당벌레	ladybird	레이디버드
반딧불이	firefly	파이어플라이
메뚜기	grasshopper	그래스하퍼
개미	ant	앤트
사마귀	mantis	맨티스
나비	butterfly	버러플라이
전갈	scorpion	스콜피언
소금쟁이	pond skater	판 스케이터

조류	Bird	**111쪽**
독수리	eagle	이글
부엉이	owl	아월
매	falcon	펠컨
까치	magpie	맥파이
까마귀	crow	크로우
참새	sparrow	스패로우
학	crane	크뤠인
오리	duck	덕
펭귄	penguin	펭귄
제비	swallow	스왈로우
닭	chicken	취킨
공작	peacock	피콕
앵무새	parrot	패럿
기러기	wild goose	와일구스
거위	goose	구스

비둘기	dove	도브
딱따구리	woodpecker	우드페커

파충류/양서류	Reptile/Amphibian	**112쪽**
보아뱀	boa constrictor	보워 컨스트릭터
도마뱀	lizard	리저드
이구아나	iguana	이구아나
코브라	cobra	코우브러
두꺼비	toad	토우드
올챙이	tadpole	태드포울
도롱뇽	salamander	샐러맨더
개구리	frog	프뤄그
악어	crocodile	크롸커다일
거북이	turtle	터를
뱀	snake	스네익
지렁이	earthworm	어쓰웜
카멜레온	chameleon	커멜리언

관련단어		**113쪽**
더듬이	feelers	필러스
번데기	pupa	퓨퍼
알	egg	에그
애벌레	larva	라버
뿔	horn	호른
발톱	claw	클러
꼬리	tail	테일
발굽	hoof	훞
동면하다	hibernate	하이버네잍
부리	beak	빅
깃털	feather	페더
날개	wing	윙
둥지	nest	네스트

어류/연체동물/갑각류	Fish/Mollusk/Crustacean	**114쪽**
연어	salmon	쌔먼
잉어	carp	캎
대구	cod	카드
붕어	crucian carp	크루션 캎
복어	globefish	글로우브피쉬
문어	octopus	악터퍼스
오징어	squid	스퀴드
게	crab	크랩
꼴뚜기	beka squid	비커 스퀴드
낙지	small octopus	스몰 악터퍼스
새우	shrimp	쉬림프
가재	crawfish	크라피쉬
메기	catfish	캣피쉬
상어	shark	샤크
해파리	jellyfish	젤리피쉬
조개	shellfish	쉘피쉬
불가사리	starfish	스타피쉬
달팽이	snail	스네일

관련단어		**115쪽**
비늘	scale	스케일
아가미	gill	길
물갈퀴발	webbed foot	웹드 풋
지느러미	fin	핀

식물(꽃/풀/야생화/나무)	Plant(Flower/Grass/Wild flower/Tree)	**116쪽**
무궁화	rose of Sharon	로우즈 업 쉐론
코스모스	cosmos	카스머스
수선화	daffodil	대퍼딜
장미	rose	로우즈
데이지	daisy	데이지
아이리스	iris	아이뤼스

동백꽃	camellia	커밀리어
벚꽃	cherry blossom	체뤼 블러썸
나팔꽃	morning glory	모닝 글로뤼
라벤더	lavender	래번더
튤립	tulip	툴맆
제비꽃	violet	바이얼렅
안개꽃	gypsophila	집싸필러
해바라기	sunflower	썬플라워
진달래	azalea	어젤리어
민들레	dandelion	댄디라이언
캐모마일	chamomile	캐머밀
클로버	clover	클로버
강아지풀	foxtail	팍스테일
고사리	bracken	브래컨
잡초	weeds	위즈
억새풀	silvergrass	실버그래스
소나무	pine	파인
메타세콰이아	metasequoia	메터시콰이어
감나무	persimmon tree	퍼씨먼 트뤼
사과나무	apple tree	애플 트뤼
석류나무	pomegranate tree	파머그래넛 트뤼
밤나무	chestnut tree	췌스트넛 트뤼
은행나무	ginkgo	깅코우
배나무	pear tree	페어 트뤼
양귀비꽃	poppy	파삐

관련단어		**118쪽**
뿌리	root	룾
잎	leaf	맆
꽃봉오리	bud	버드
꽃말	flower language	플라워 랭귀지
꽃가루	pollen	폴른

개화기	flowering season	플라워링 씨즌
낙엽	fallen leaf	펄른 립
단풍	maple	메이플
거름	manure	머누어
줄기	stem	스템

Chapter 07 주거 관련

Unit 01 집의 종류 120쪽

아파트	apartment	아팟먼트
전원주택	country house	컨트뤼 하우스
일반주택	house	하우스
다세대주택	multiplex housing	멀티플렉스 하우징
오피스텔	efficiency apartment	이피션시 아팟먼트
오두막집	hut	헛
별장	villa	빌라
하숙집	boarding house	보딩 하우스

관련단어 121쪽

살다	live	리브
주소	address	애드뤠스
임차인	tenant	테넌트
임대인	lessor	레써
가정부	housekeeper	하우스키퍼
월세	monthly rent	먼쓸리 렌트

Unit 02 집의 부속물 122쪽

대문	gate	게잍
담	wall	월
정원	garden	가든
우편함	mailbox	메일박스
차고	garage	거롸쥐
진입로	driveway	드라이붸이

굴뚝	chimney	침니
지붕	roof	룹
계단	stairs	스테얼스
벽	wall	월
발코니	balcony	밸커니
창고	shed	쉐드
다락방	garret	개렅
옥상	rooftop	룹탑
현관	entrance	엔트런스
지하실	basement	베이스먼트
위층	upstairs	업스테얼스
아래층	downstairs	다운스테얼스
안마당 뜰	courtyard	콧야드
기둥	pillar	필러
울타리	fence	펜스
자물쇠	lock	락

Unit 03 거실용품 124쪽

거실	living room	리빙 룸
창문	window	윈도우
책장	bookcase	북케이스
마루	floor	플로워
카펫	carpet	카핕
테이블	table	테이블
장식장	cabinet	캐비닡
에어컨	air conditioner	에어 컨디셔너
소파	sofa	소우파
커튼	curtain	커튼
달력	calendar	캘린더
액자	frame	프레임
시계	clock	클락
벽난로	fireplace	파이어플레이스
꽃병	vase	베이스
텔레비전	television	텔리비전
컴퓨터	computer	컴퓨러

노트북	notebook	놋북
진공청소기	vacuum cleaner	배큠 클리너
스위치를 끄다	turn off the switch	터노프 더 스위취
스위치를 켜다	turn on the switch	터논 더 스위취

Unit 04 침실용품 126쪽

침대	bed	베드
자명종/알람시계	alarm	얼람
매트리스	mattress	매트뤼스
침대시트	bed sheet	베드 쉿
슬리퍼	slippers	슬리퍼스
이불	bedclothes	베드클로우쓰
베개	pillow	필로우
화장대	dressing table	드뤠싱 테이블
화장품	cosmetics	코스메릭스
옷장	closet	클로짙
잠옷	pajamas	퍼자머즈
쿠션	cushion	쿠션
쓰레기통	garbage can	가비쥐 캔
천장	ceiling	씰링
전등	electric light	일렉트릭 롸잍
스위치	switch	스위취
공기청정기	air purifier	에어 퓨러파이어
일어나다	wake up	웨이컵
자다	sleep	슬맆

Unit 05 주방 128쪽

냉장고	refrigerator	뤼프리져뤠이러
전자레인지	microwave	마이크로웨이브
환풍기	ventilator	벤틸레이러
가스레인지	gas stove	개스 스토브
싱크대	sink	씽크
주방조리대	countertop	카운터탚

오븐	oven	오븐
수납장	cabinet	캐비닡
접시걸이선반	shelf	쉘프
식기세척기	dish washer	디쉬 워셔
에어컨	air conditioner	에어 컨디셔너

Unit 06 주방용품 130쪽

도마	cutting board	커링 보드
프라이팬	frying pan	프라잉 팬
믹서기	blender	블렌더
주전자	kettle	케를
앞치마	apron	에이프런
커피포트	coffeepot	커피팥
칼	knife	나잎
뒤집개	spatula	스페츌러
주걱	rice scoop	롸이스 스쿱
전기밥솥	electric rice cooker	일렉트릭 롸이스 쿠커
머그컵	mug	머그
토스터기	toaster	토스터
국자	ladle	레이들
냄비	pot	팥
수세미	scourer	스카워러
주방세제	dishwashing liquid	디쉬워싱 리퀴드
알루미늄호일	aluminium foil	알뤄미늄 포일
병따개	opener	오프너
젓가락	chopsticks	찹스틱스
포크	fork	포크
숟가락	spoon	스푼
접시	plate	플레이트
소금	salt	쏠트
후추	pepper	페퍼
조미료	seasoning	씨즈닝
음식을 먹다	eat food	잇 푸드

297

Unit 07 욕실용품   133쪽

거울	mirror	미러
드라이기	dryer	드라이어
세면대	sink	씽크
면도기	razor / (전기) shaver	뤠이저/쉐이버
면봉	cotton swab	코튼 스왑
목욕바구니	bath basket	배쓰 배스킷
바디로션	body lotion	바디 로션
배수구	drain	드뤠인
변기	toilet	토일럿
비누	soap	쏘웊
욕실커튼	bathroom curtain	배쓰룸 커튼
빗	comb	코움
샤워가운	bathrobe	배쓰로웁
샤워기	shower	샤워
샴푸	shampoo	섐푸
린스	hair conditioner	헤어 컨디셔너
수건걸이	towel rack	타월 랙
수건	towel	타월
수도꼭지	faucet	퍼씻
욕실매트	bath mat	배쓰 맽
욕조	bathtub	배쓰텁
체중계	scales	스케일스
치약	toothpaste	투쓰페이스트
칫솔	toothbrush	투쓰브뤄쉬
화장지	toilet paper	토일럿 페이퍼
치실	floss	플러스

관련단어		135쪽
이를 닦다	brush one's teeth	브뤄쉬 원스 티쓰
헹구다	wash out	와쉬 아웃
씻어내다	rinse	린스
말리다	dry	드롸이

면도를 하다	shave	쉐입
머리를 빗다	brush one's hair	브뤄쉬 원스 헤어
샤워를 하다	take a shower	테익커 샤워
변기에 물을 내리다	flush the toilet	플러쉬 더 토일럿
머리를 감다	wash one's hair	와쉬 원스 헤어
목욕(욕조에 몸을 담그고 하는)	bath	배쓰

Chapter 08 음식

Unit 01 과일		136쪽
연무	wax apple	왁스 애플
용안	longan	롱건
리치	litchi	리취
망고	mango	맹고우
비파	loquat	로우퐡
구아바	guava	과버
산사	haw	허
유자	citron	씨트런
람부탄	rambutan	뢈부탄
사과	apple	애플
배	pear	페어
귤	clementine	클레멘타인
망고스틴	mangosteen	맹거스틴
수박	watermelon	워러멜런
복숭아	peach	피취
멜론	melon	멜런
오렌지	orange	어륀쥐
레몬	lemon	레먼
바나나	banana	버내너
자두	plum	플럼
두리안	durian	두리언
살구	apricot	애프리캍
감	persimmon	퍼씨먼

참외	oriental melon	어리엔틀 멜런
파인애플	pineapple	파인애플
키위	kiwi	키위
코코넛	coconut	코커넡
사탕수수	sugarcane	슈거캐인
포도	grape	그뤠잎
밤	chestnut	췌스트넡
대추	jujube	주주비
딸기	strawberry	스트로베뤼
건포도	raisin	뤠이즌
체리	cherry	췌뤼
블루베리	blueberry	블루베뤼
라임	lime	라임
무화과	fig	피그
석류	pomegranate	파머그래닡

브로콜리	broccoli	브라컬리
양파	onion	어니언
호박	pumpkin	펌킨
고구마	sweet potato	스윗 포테이도
오이	cucumber	큐컴버
파	green onion	그린 어니언
콩나물	bean sprouts	빈 스프라웉
생강	ginger	진줘
미나리	water dropwort	워러 드랍윝
옥수수	corn	콘
가지	eggplant	에그플랜트
송이버섯	pine mushroom	파인 머쉬룸
죽순	bamboo shoot	뱀부 슡
파슬리	parsley	파실리
도라지	balloon flower	벌룬 플라워
깻잎	perilla leaf	페릴라 맆
고사리	bracken	브래컨
청양고추	Cheongyang chili pepper	청양 칠리 페퍼
팽이버섯	enoki mushroom	이노키 머쉬룸
올리브	olive	알리브
쑥갓	crown daisy	크롸운 데이지
인삼	ginseng	진셍
홍삼	red ginseng	뤠드 진셍

Unit 02 채소, 뿌리식물   139쪽

고수나물	coriander	커뤼앤더
셀러리	celery	쎌러뤼
양상추	(iceberg) lettuce	(아이스벅) 레티스
애호박	zucchini	주키니
당근	carrot	캐렅
피망	bell pepper	벨 페퍼
버섯	mushroom	머쉬룸
감자	potato	포테이도
고추	chili pepper	칠리 페퍼
토마토	tomato	토메이도
무	radish	뢔디쉬
배추	napa cabbage	나파 캐비쥐
마늘	garlic	갈릭
우엉	burdock	버닥
상추	(leaf) lettuce	(맆) 레티스
시금치	spinach	스피니취
양배추	cabbage	캐비쥐

Unit 03 수산물, 해조류   142쪽

오징어	squid	스퀴드
송어	trout	트라웉
우럭	rockfish	롹피쉬
가물치	snakehead fish	스네익헤드 피쉬
고등어	mackerel	매크럴

참조기	yellow corbina	옐로우 코비너
메기	catfish	캣피쉬
복어	globefish	글로우브피쉬
새우	shrimp	쉬림프
대구	cod	카드
연어	salmon	쌔먼
전복	abalone	애벌로니
가리비 조개	scallop	스캘럽
갈치	hairtail	헤어테일
게	crab	크랩
잉어	carp	캎
붕어	carp	캎
문어	octopus	악터퍼스
가재	crawfish	클뤄피쉬
민어	croaker	크로우커
멍게	sea squirt	씨 스퀕
성게	sea urchin	씨 어췬
방어	yellow tail	옐로우 테일
해삼	sea cucumber	씨 큐컴버
명태	walleye pollack	월아이 팔럭
삼치	Spanish mackerel	스패니쉬 매크럴
미더덕	warty sea squirt	워리 씨 스퀕
굴	oyster	오이스터
광어	halibut	핼러벝
고래	whale	웨일
북어	dried pollack	드롸이드 팔럭
미역	seaweed	씨위드
김	laver	라버

Unit 04 육류 145쪽

소고기	beef	비프
돼지고기	pork	포크
닭고기	chicken	취킨
칠면조	turkey	터키
베이컨	bacon	베이컨
햄	ham	햄
소시지	sausage	쏘시쥐
육포	beef jerky	비프 줘키
양고기	mutton	머튼

Unit 05 음료수 146쪽

콜라(코카콜라)	Coke	코우크
사이다(스프라이트)	Sprite	스프라잍
커피	coffee	커피
핫초코	hot chocolate	핫 춰컬맅
홍차	black tea	블랙 티
녹차	green tea	그린 티
밀크버블티	milkbubble tea	밀크버블 티
자스민차	jasmine tea	재스민 티
밀크티	milk tea	밀크 티
우유	milk	밀크
두유	soybean milk	쏘이빈 밀크
생수	mineral water	미너럴 워러
오렌지주스	orange juice	어륀쥐 쥬스
레모네이드	lemonade	레머네이드
요구르트	yogurt	요겉

Unit 06 기타식품 및 요리재료 148쪽

치즈	cheese	취즈
요거트	yogurt	요겉
아이스크림	ice cream	아이스 크림
분유	powdered milk	파우더드 밀크
버터	butter	버러
참치	tuna	튜나
식용유	cooking oil	쿠킹 오일
간장	soy sauce	쏘이 쏘스

소금	salt	쏠트
설탕	sugar	슈거
식초	vinegar	비니거
참기름	sesame oil	쎄써미 오일
후추	pepper	페퍼
달걀	egg	에그

Unit 07 대표요리 150쪽

서양요리

햄버거	hamburger	햄버거
피자	pizza	핏짜
스테이크	steak	스테익
칠면조 구이	roast turkey	로스트 터키
핫도그	hot dog	핫도그
마카로니 앤 치즈	macaroni and cheese	매커로니 앤 취즈
클램 차우더	clam chowder	클램 촤우더
포테이토칩	potato chips	포테이도 칩스
바비큐	barbecue	바비큐
파스타	pasta	파스타
바게뜨	baguette	배겥
크루아상	croissant	크르와쌍
타르트	tart	타르트
크레페	crape	크레잎
에스카르고	escargot	에스카고
푸아그라	foie gras	푸와 그롸
샌드위치	sandwich	쌘드위취
파니니	panini	파니니
프라이드치킨	fried chicken	프라이드 취킨
리조또	risotto	뤼조토
피시 앤 칩스	fish and chips	피쉬 앤 칩스
치아바타	ciabatta	춰바라
프리타타	frittata	프리타라
뇨끼	gnocchi	뇨키
와플	waffle	와플

한국식당요리 151쪽

라면	ramen	롸멘
냉면	cold noodle	코울드 누들
삼계탕	samgyetang (ginseng chicken soup)	진셍 취킨 쑾
된장찌개	doenjang jjigae (soybean paste stew)	쏘이빈 페이스트 스튜
청국장찌개	cheonggukjang jjigae (rich soybean paste stew)	뤼취 쏘이빈 페이스트 스튜
순두부찌개	sundubu jjigae (soft tofu stew)	쏘프트 토푸 스튜
부대찌개	budae jjigae (sausage stew)	쏘시쥐 스튜
갈비탕	galbitang (short rib soup)	숏 립 쑾
감자탕	gamjatang (pork back-bone stew)	폭 백본 스튜
설렁탕	seolleongtang (ox bone soup)	악스 본 쑾
비빔밥	bibimbap	비빔밥
돌솥비빔밥	dolsot bibimbap (hot stone pot bibimbap)	핫 스톤 팟 비빔밥
떡볶이	tteokbokki (stir-fried rice cake)	스터프롸이드 롸이스 케잌
순대	sundae (Korean sausage)	코리언 쏘시쥐
오뎅탕	odentang (fish cake soup)	피쉬 케익 쑾
찐빵	jjinppang (steamed bun)	스팀드 번
족발	jokbal (pigs' feet)	픽스 핕

팥빙수	patbingsu (shaved ice with sweetened red beans and other toppings)	쉐입드 아이스 윗 스위튼드 뤠드 빈스 앤 아더 토핑스
떡	rice cake	라이스 케잌
해물파전	haemul pajeon (seafood and green onion pancake)	씨푸드 앤 그린 어니언 팬 케잌
김밥	gimbap	김밥
간장게장	ganjang gejang (soy sauce marinated crab)	쏘이 쏘스 매 리네일 크뢥
김치	kimchi	김치
삼겹살	samgyeopsal (grilled pork belly)	그릴드 폭 벨리

Unit 08 요리방식   154쪽

데치다	blanch	블랜취
굽다	(빵을) bake / (고기 등을) roast	베잌 / 로스트
튀기다	fry	프라이
탕/찌개	soup/stew	쑵/스튜
찌다	steam	스팀
무치다	season	씨즌
볶다	stir-fry	스터프라이
훈제	smoke	스목
끓이다	boil	보일
삶다	boil	보일
섞다	blend	블렌드
휘젓다	stir	스터
밀다	roll	롤
얇게 썰다	slice thinly	슬라이스 씬니
손질하다	trim	트림
반죽하다	knead dough	니드 도우

Unit 09 패스트푸드점   156쪽

롯데리아	Lotteria	로테뤼아
맥도날드	McDonald	맥도널드
파파이스	Popeyes	파파이스
서브웨이	Subway	썹웨이
피자헛	Pizza Hut	핏짜 헛
버거킹	Burger King	버거 킹
KFC	Kentucky Fried Chicken	켄터키 프라이 드 취킨

Unit 10 주류   157쪽

맥주	beer	비어
고량주	kaoliang wine	까우리앵 와인
하이네켄	Heineken	하이네켄
버드와이저	Budweiser	버드와이절
기네스	Guinness	기니스
소주	soju	소주
호가든	Hoegaarden	호가든
밀러	Miller	밀러
샴페인	champagne	샘페인
양주	liquor	리커
럼	rum	럼
위스키	whiskey	위스키
보드카	vodka	보드카
데킬라	tequila	테킬러
레드와인	red wine	뤠드 와인
화이트와인	white wine	와잇 와인
브랜디	brandy	브랜디
마티니	Martini	마티니
칼바도스	Calvados	캘버도스
사케	sake	사키
코냑	cognac	코냑
막걸리	makgeolli	막걸리
동동주	dongdongju	동동주
피스코	Pisco	피스코
진	Gin	진

과실주	fruit wine	프룻 와인
복분자주	raspberry wine	쮀즈베뤼 와인
매실주	plum wine	플럼 와인
정종	refined rice wine	뤼파인드 롸이스 와인
칵테일	cocktail	칵테일

과음	excessive drinking	익쎄씨브 드링킹
숙취해소제	hangover cure drink	행오버 큐어 드링크
알콜중독	alcoholism	앨커헐리즘
술친구	drinking buddy	드링킹 버디

맛있는	delicious	딜리셔스
맛없는	bad	뺃
싱거운	bland	블랜드
뜨거운	hot	핫
단	sweet	스윝
짠	salty	쏠티
매운	spicy	스파이씨
얼큰한	spicy	스파이씨
신	sour	싸워
쓴	bitter	비러
떫은	astringent	어스트린젼트
느끼한	greasy	그뤼씨
(곡식이나 견과류 등이) 고소한	nutty	너티
담백한	mild	마일드
쫄깃한	chewy	츄이
비린	fishy	피쉬
소화불량	indigestion	인디제스쳔

씹다	chew	츄
영양분을 공급하다	nourish	너리쉬
과식하다	eat too much	잇 투 머취
먹이다	feed	피드
삼키다	swallow	스왈로우
조금씩 마시다	sip	씹
조리법	recipe	뤠서피
날것의	raw	뤄
썩다	rot	뢑
칼슘	calcium	캘시엄
단백질	protein	프로틴
비타민	vitamin	바이러민
지방	fat	퍁
탄수화물	carbohydrate	카보하이드뤠잍
입맛에 맞다	suit one's taste	쑷 원스 테이스트
무기질	mineral	미너럴
에스트로겐	estrogen	에스트로진
아미노산	amino acid	아미노 애씨드
체지방	body fat	바디 퍁
피하지방	subcutaneous fat	섭큐태니어스 퍁
열량(칼로리)	calorie	캘로뤼
영양소	nutrient	누트뤼언트
포화지방	saturated fat	새춰뤠이티드 퍁
불포화지방	unsaturated fat	언새춰뤠이티드 퍁
포도당	glucose	글루코스
납	lead	레드

Chapter 09 쇼핑

Unit 01 쇼핑 물건 164쪽

의류

정장	suit	쑽
청바지	jeans	진스
티셔츠	T-shirt	티셔츠
원피스	dress	드뤠스
반바지	shorts	쇼츠
치마	skirt	스컽
조끼	vest	베스트
남방	shirt	셔츠
와이셔츠	dress shirt	드뤠스 셔츠
재킷	jacket	재킽
운동복	sportswear	스포츠웨어
오리털잠바	duck-down jacket	덕다운 재킽
스웨터	sweater	스웨러
우의	raincoat	뤠인코욷
내복	long johns	롱 존스
속옷	underwear	언더웨어
팬티	panties/ underpants	팬티즈/언더 팬츠
교복	school uniform	스쿨 유니폼
레이스	lace	레이스
단추	button	버튼
바지	pants	팬츠
버클	buckle	버클
브래지어	bra	브롸
블라우스	blouse	블라우스
셔츠	shirt	셔츠
소매	sleeve	슬리브
외투	overcoat	오버코욷
지퍼	zipper	지퍼
잠옷	pajamas	퍼자머즈
파티용 드레스	evening dress	이브닝 드뤠스
한복	Korean clothes	코뤼언 클로 우쓰

신발, 양말 166쪽

신발	shoes	슈즈
운동화	sneakers	스니커스
구두	shoes	슈즈
부츠	boots	부츠
슬리퍼	slippers	슬리퍼스
조리	flip-flops	플립플랍스
(비 올 때 신는) 장화	rain boots	레인 부츠
양말	socks	싹스
스타킹	stockings	스타킹스
샌들	sandals	쌘들스

기타 액세서리 167쪽

모자	hat	햍
가방	bag	백
머리끈	hair tie	헤어 타이
귀걸이	earrings	이어링스
반지	ring	링
안경	glasses	글래씨스
선글라스	sunglasses	썬글래씨스
지갑	wallet	월렅
목도리	muffler	머플러
스카프	scarf	스캎
손목시계	wristwatch	뤼슷와취
팔찌	bracelet	브래이슬렅
넥타이	necktie	넥타이
벨트	belt	벨트
장갑	gloves	글러브스
양산	parasol	패러쏠
목걸이	necklace	넥클러스
브로치	brooch	브로우취
손수건	handkerchief	행커칲
머리핀	hair pin	헤어 핀

기타용품		168쪽
비누	soap	쓰웁
가그린	gargle	가글
물티슈	wet wipe	웻 와잎
생리대	sanitary napkin	쌔니터뤼 냅킨
기저귀	diaper	다이퍼
우산	umbrella	엄브뤨러
담배	cigarette	씨거뤳
라이터	lighter	라이러
건전지	battery	배러리
쇼핑백	shopping bag	샤핑 백
종이컵	paper cup	페이퍼 컵
컵라면	cup noodles	컵 누들스
모기약	mosquito repellent	머스끼토우 뤼펠런트
방취제	deodorizer	디오더롸이저
면도크림	shaving cream	쉐이빙 크림
면도날	razor blade	뤠이저 블레이드
스킨	skin toner	스킨 토우너
로션	lotion	로션
썬크림	sunblock	썬블락
샴푸	shampoo	섐푸
린스	hair conditioner	헤어 컨디셔너
치약	toothpaste	투쓰페이스트
칫솔	toothbrush	투쓰브뤄쉬
손톱깎이	nail clippers	네일 클리퍼스
화장지	toilet paper	토일럿 페이퍼
립스틱	lipstick	립스틱
비비크림	BB cream	비비 크림
파운데이션	foundation	파운데이션
빗	comb	코움
사탕	candy	캔디
껌	gum	검

초콜릿	chocolate	춰컬릳
아이섀도	eye shadow	아이 쉐도우
매니큐어	nail polish	네일 폴리쉬
향수	perfume	퍼퓸
마스카라	mascara	매스캐러
파스	pain relief patch	페인 뤼립 패취
카메라	camera	캐머러
붓	brush	브뤄쉬
책	book	북
거울	mirror	미러
핸드폰 케이스	cellphone case	쎌폰 케이스
옥	jade	제이드
금	gold	골드
은	silver	실버
청동	bronze	브론즈
에센스	essence	에쎈스
수분크림	moisturizer	모이스춰롸이저
영양크림	nutrient cream	누트뤼언트 크림

관련단어		172쪽
짝퉁제품	imitation	이미테이션
바코드	bar code	바 코드
계산원	cashier	캐쉬어
선물	gift	기프트
상표	brand	브랜드
현금	cash	캐쉬
지폐	bill	빌
동전	coin	코인
환불	refund	뤼펀드

Unit 02 색상		173쪽
빨간색	red	뤠드
주황색	orange	어륀쥐
노란색	yellow	옐로우

305

초록색	green	그린
파란색	blue	블루
남색	navy	네이비
보라색	purple	퍼플
상아색	ivory	아이버뤼
황토색	ocher	오우커
검은색	black	블랙
회색	gray	그뤠이
흰색	white	와잍
갈색	brown	브롸운
분홍색	pink	핑크

관련단어   174쪽

의상	costume	카스튬
직물	fabric	패브릭
감촉	texture	텍스처
모피	fur	퍼
단정한	neat	닡
방수복	waterproof clothes	워러프룹 클로쓰
차려입다	dress up	드레썹
장식하다	ornament	오너먼트
사치	luxury	럭셔리
어울리는	fit	핕

Unit 03 구매 표현   175쪽

이것	this	디스
저것	that	댙
더 화려한	more colorful	모어 컬러풀
더 수수한	more modest	모어 마디스트
더 큰	larger	라줘
더 작은	smaller	스몰러
더 무거운	heavier	헤비어
더 가벼운	lighter	라이러
더 긴	longer	롱거
더 짧은	shorter	쇼러

유행상품	trend goods	트렌드 굿즈
다른 종류	different types	디퍼런 타입스
다른 디자인	different design	디퍼런 디자인
다른 색깔	different color	디퍼런 컬러
더 싼	cheaper	취퍼
더 비싼	more expensive	모어 익스펜씨브
신상품	new product	뉴 프라덕트
세일 상품	sale goods	쎄일 굿즈
입다	put on	푸론
신다	put on	푸론
메다	shoulder	숄더
먹다	eat	잍
바르다	put on	푸론
들다	hold	홀드
만지다	touch	터취
쓰다	write	롸잍
착용하다	put on	푸론
몇몇의	some	썸

관련단어   177쪽

쇼핑몰	shopping mall	샤핑 몰
상품	product	프라덕트
하자가 있는	defective	디펙티브
환불	refund	뤼펀드
구입하다	purchase	퍼춰스
영수증	receipt	리씥
보증서	guarantee	개런티
세일	sale	쎄일
계산대	counter	카운터
저렴한	cheap	칲
품절된	sold out	쏠드 아웃
재고정리	clearance	클리런스
신상품	new product	뉴 프라덕트
공짜의	free	프리

Chapter 10 도시

Unit 01 자연물 또는 인공물 178쪽

강	river	뤼버
과수원	orchard	오춰드
나무	tree	트뤼
논	rice paddy	라이스 페디
농작물	crop	크뢉
동굴	cave	케이브
들판	field	필드
바다	sea	씨
밭	field	필드
사막	desert	데젙
산	mountain	마운튼
섬	island	아일런드
삼림	forest	퍼리슽
습지	wetland	웻랜드
연못	pond	판드
저수지	reservoir	뤠저브와
초원	grassland	그래스랜드
폭포	waterfall	워러펄
해안	coast	코우슽
협곡	canyon	캐년
호수	lake	레잌
목장	farm	팜
바위	rock	뢐

관련단어 180쪽

수확하다	reap	맆
씨를 뿌리다	sow	쏘우
온도	temperature	템퍼춰
지평선, 수평선	horizon	허롸이즌
화석	fossil	파쓸
습도	humidity	휴미디티
대지	Mother earth	마더 어쓰
모래	sand	쌘드
산등성이	ridge	릿지

Unit 02 도시 건축물 181쪽

우체국	post office	포스트 어피스
은행	bank	뱅크
경찰서	police station	폴리쓰테이션
병원	hospital	하스피럴
편의점	convenience store	컨비니언스 토어
호텔	hotel	호텔
서점	bookstore	북스토어
백화점	department store	디팟먼 스토어
노래방	singing room	씽잉 룸
커피숍	coffee shop	커피 샾
영화관	movie theater	무비 씨어러
문구점	stationery store	스테이셔너뤼 스토어
제과점	bakery	베이커뤼
놀이공원	amusement park	어뮤즈먼트 팕
주유소	gas station	개쓰테이션
성당	Catholic church	캐톨릭 춸취
교회	church	춸취
번화가	main street	메인 스트맅
미술관	art museum	아트 뮤지엄
학교	school	스쿨
이슬람사원	mosque	마스크
분수	fountain	파운튼
공원	park	팕
댐	dam	댐
정원	garden	가든
사우나	sauna	싸우너
식물원	botanical garden	버테니컬 가든
동물원	zoo	주
광장	square	스퀘어
다리	bridge	브리쥐
박물관	museum	뮤지엄

기념관	memorial hall	메모리얼 홀
약국	pharmacy	파머씨
소방서	fire station	파이어 스테이션
도서관	library	라이브러뤼
미용실	beauty shop	뷰리 샵
관광안내소	tourist information office	투어리스트 인포메이션 어피스
세탁소	laundry	런드뤼
PC방	PC bang	피씨 방
목욕탕	public bath	퍼블릭 배쓰
발마사지샵	foot massage shop	풋 머싸쥐 샵
마사지샵	massage shop	머싸쥐 샵

Chapter 11 스포츠, 여가

Unit 01 운동 184쪽

볼링	bowling	보울링
암벽등반	rock-climbing	롹클라이밍
활강	downhill	다운힐
패러글라이딩	paragliding	패러글라이딩
번지점프	bungee jump	번지 점프
낚시	fishing	피싱
인공암벽	sports climbing	스포츠 클라이밍
바둑	go	고
카레이싱	car racing	카 레이싱
윈드서핑	windsurfing	윈드써핑
골프	golf	골프
테니스	tennis	테니스
스키	ski	스키
유도	judo	주도
체조	gymnastics	짐내스틱스
승마	horseback riding	홀스백 롸이딩
축구	soccer	싸커
배구	volleyball	발리볼

야구	baseball	베이스볼
농구	basketball	배스킷볼
탁구	table tennis	테이블 테니스
검술	swordsmanship	스워즈맨쉽
수영	swimming	스위밍
경마	horse racing	홀스 레이싱
권투	boxing	박씽
태권도	taekwondo	태권도
검도	kendo	켄도
무에타이	Muay Thai	무에이 타이
격투기	martial arts	마샬 아츠
씨름	ssireum (Korean wrestling)	코뤼안 뤠슬링
당구	billiards	빌려즈
배드민턴	badminton	배드민튼
럭비	rugby	뤔비
스쿼시	squash	스쿼쉬
아이스하키	ice hockey	아이스 하키
핸드볼	handball	핸드볼
등산	(취미) hiking / (전문적) climbing	하이킹/클라이밍
인라인스케이팅	inline skating	인라인 스케이링
조정	rowing	로잉
사이클	cycling	싸이클링
요가	yoga	요가
스카이다이빙	sky diving	스카이 다이빙
행글라이딩	hang gliding	행 글라이딩
피겨스케이팅	figure skating	피겨 스케이링
롤러스케이팅	roller skating	로울러 스케이링
양궁	archery	아춰뤼
스노클링	snorkeling	스노클링
스쿠버다이빙	scuba diving	스쿠버 다이빙
해머던지기	hammer throw	해머 쓰로우

멀리뛰기	long jump	롱 점프
창던지기	javelin	제블린
마라톤	marathon	매러썬
펜싱	fencing	펜씽
쿵푸	kung fu	쿵 푸
합기도	hapkido	합기도
공수도	karate	카라티
레슬링	wrestling	뤠슬링
스모	sumo	수모
줄넘기	jump rope	점프 롭
뜀틀	vault	벌트
에어로빅	aerobics	에로빅스
아령운동	dumbbell exercise	덤벨 엑써싸이즈
역도	weight lifting	웨잇 리프팅

관련단어

야구공	baseball	베이스볼
야구방망이	bat	뱃
축구공	football	풋볼
축구화	soccer shoes	싸커 슈즈
글러브	glove	글럽
헬멧	helmet	헬밋
테니스공	tennis ball	테니스 볼
라켓	racket	롸킷
수영복	swimsuit	스윔숱
튜브	tube	툽
수영모	swim cap	스윔 캡
러닝머신	treadmill	트뤠드밀
코치	coach	코우취
유산소운동	aerobic exercise	에로빅 엑써싸이즈
무산소운동	anaerobic exercise	애너로빅 엑써싸이즈
근력운동	weight training	웨잇 트뤠이닝

호흡운동(숨 쉬기운동)	breathing exercise	브리딩 엑써싸이즈
수경	swim goggles	스윔 가글스

Unit 02 오락, 취미

영화 감상	watching movies	와칭 무비스
음악 감상	listening to music	리쓰닝 투 뮤직
여행	travel	트래블
독서	reading	뤼딩
춤추기	dancing	댄씽
노래 부르기	singing	씽잉
운동	exercise	엑써싸이즈
등산	hiking	하이킹
수중잠수	scuba diving	스쿠버 다이빙
악기 연주	playing a musical instrument	플레잉 어 뮤지컬 인스트러먼트
요리	cooking	쿠킹
사진 찍기	taking pictures	테이킹 픽춰스
정원 가꾸기	gardening	가드닝
우표 수집	stamp collecting	스탬프 컬렉팅
낚시	fishing	피싱
십자수	cross-stitch	크로쓰티취
TV 보기	watching TV	와칭 티비
드라이브	drive	드라이브
빈둥거리기	loafing at home	로핑 앳 홈
인터넷	surfing the Internet	서핑 디 이너넷
게임	game	게임
아이쇼핑하기	window shopping	윈도우 샤핑
캠핑 가기	camping	캠핑
포커	poker game	포커 게임

장기	Korean chess	코뤼안 체스
도예	making pottery	메이킹 포러뤼
뜨개질	knitting	니딩
맛집 탐방	visiting good restaurants	비지팅 굿 뤠스토런츠
일하기	working	워킹

Unit 03 악기   193쪽

기타	guitar	기타
피아노	piano	피애노
색소폰	saxophone	쌕써폰
플루트	flute	플룻
하모니카	harmonica	하마니커
클라리넷	clarinet	클래러넽
트럼펫	trumpet	트림핕
하프	harp	핲
첼로	cello	첼로
아코디언	accordion	어코디언
드럼	drum	드럼
실로폰	xylophone	좌일러폰
거문고	geomungo (Korean zither with six strings)	코뤼안 지더 윗 씩스 스트링스
가야금	gayageum (Korean zither with twelve strings)	코뤼안 지더 윗 트웰브 스트링스
대금	daegeum (large transverse bamboo flute)	라지 트랜스벌스 뱀부 플룻
장구	janggu (double-headed Korean drum)	더블 헤디드 코뤼안 드럼
징	jing (large gong)	라지 공
해금	haegeum (Korean fiddle)	코뤼안 피들

단소	danso (small bamboo flute)	스몰 뱀부 플룻
리코더	recorder	뤼코더
오카리나	ocarina	아커뤼나
바이올린	violin	바이얼린
비올라	viola	비얼라

Unit 04 여가   195쪽

휴양하다	take a rest	테이커 뤠스트
관광하다	go sightseeing	고 싸잇씽
기분전환하다	refresh oneself	리프뤠쉬 원셀프
참관하다	visit	비짙
탐험하다	explore	익스플로어
건강관리	health care	헬쓰 케어

Unit 05 영화   196쪽

영화관	movie theater	무비 씨어러
매표소	ticket office	티킷 오피스
히트작	megaseller	메거쎌러
매점	snack bar	스낵 바
공포영화	horror film	허러 핌
코미디영화	comedy film	카머디 핌
액션영화	action film	액션 핌
어드벤처영화	adventure film	어드벤춰 핌
스릴러영화	thriller film	쓰릴러 핌
주연배우	leading actor	리딩 액터
조연배우	supporting actor	써포링 액터
남자주인공	hero	히로우
여자주인공	heroine	헤로우인
영화사	film company	핌 컴퍼니
감독	director	디뤡터

면세점	duty-free shop	듀티프리 샵
입국심사	immigration inspection	이미그뤠이션 인스펙션
여행자 휴대품 신고서	customs declaration form	커스텀스 데클러뤠이션 폼
비자	visa	비자
세관원	customs officer	커스텀스 어피써

Part 2 여행 단어

Chapter 01 공항에서

Unit 01 공항 **200쪽**

국내선	domestic flight	더메스틱 플라잍
국제선	international flight	인터내셔널 플라잍
탑승창구	check-in counter	췌크인 카운터
항공사	airline	에어라인
탑승수속	check-in	췌크인
항공권	airline ticket	에어라인 티킽
여권	passport	패스폴ㅌ
탑승권	boarding pass	보딩 패스
금속탐지기	metal detector	메틀 디텍터
창가좌석	window seat	윈도우 씰
통로좌석	aisle seat	아일 씰
위탁수하물	checked baggage	췍트 배기쥐
수하물 표	baggage claim tag	배기쥐 클레임 택
초과 수하물 운임	excess baggage charge	잌쎄스 배기쥐 촤쥐
세관	customs	커스텀스
신고하다	declare	디클레어
출국신고서	departure card	디파춰 카드

관련단어		**203쪽**
목적지	destination	데스티네이션
도착	arrival	얼라이벌
방문 목적	purpose of visit	퍼폴즈 업 비짙
체류기간	duration of stay	듀레이션 업 스테이
입국 허가	admission	어드미션
검역소	quarantine station	쿼런틴 스테이션
수하물 찾는 곳	baggage claim	배기쥐 클레임
리무진 버스	limousine	리무진

Unit 02 기내 탑승 **204쪽**

창문	window	윈도우
승무원	flight attendant	플라잇 어텐던트
객석 위쪽의 짐칸	overhead bin	오버헤드 빈
에어컨	air conditioner	에어 컨디셔너
조명	lighting	라이링
모니터	monitor	마니터
좌석(자리)	seat	씰
구명조끼	life jacket	라입 재킽
호출버튼	call button	콜 버튼
(기내로 가져온) 짐	carry-on baggage	캐뤼온 배기쥐

안전벨트	safety belt	세이프티 벨트
통로	aisle	아일
비상구	emergency exit	이머전씨 엑씯
화장실	restroom	뤠스트룸
이어폰	earphones	이어폰즈

조종실	cockpit	칵핕
기장	captain	캡튼
부기장	first officer	펄스트 어피써
활주로	runway	뤈웨이

관련단어   206쪽

도착 예정 시간	estimated time of arrival	에스티메이티드 타이머브 얼라이벌
이륙하다	take off	테이커프
착륙하다	land	랜드
무료 서비스	free service	프리 써비스
(화장실 등이) 사용 중	occupied	오큐파이드
금연 구역	non-smoking area	넌스모킹 에 뤼어
시차 피로	jet lag	젵 래그
~를 경유하여	via	비아
직항	direct flight	디뤡트 플라잍
좌석 벨트를 매다	fasten one's seat belt	패슨 원스 씻 벨트
연기, 지연	delay	딜레이

Unit 03 기내 서비스   207쪽

신문	newspaper	뉴스페이퍼
면세품 목록	duty-free catalog	듀티프리 캐 털로그
잡지	magazine	매거진
담요	blanket	블랭킽
베개	pillow	필로우
입국카드	disembarkation card	디셈바케이션 카드

티슈	tissue	티슈
음료수	drink	드링크
기내식	in-flight meal	인플라잍 밀
맥주	beer	비어
와인	wine	와인
물	water	워러
커피	coffee	커피
차	tea	티

관련단어   209쪽

이륙	take-off	테이커프
착륙	landing	랜딩
홍차	black tea	블랙 티
물티슈	wet wipe	웻 와잎
샐러드	salad	쌜러드
알로에주스	aloe juice	앨로우 쥬스
탄산음료	soda	소우다

Chapter 02 입국심사

Unit 01 입국목적   210쪽

비즈니스	business	비즈니스
여행	travel	트래블
관광	sightseeing	싸이트씨잉
회의	conference	칸퍼런스
취업	employment	임플로이먼트
거주	settling down	세를링 다운
친척 방문	visiting relatives	비지링 뤨러 티브스
공부	study	스터디
귀국	returning home	뤼터닝 홈
휴가	vacation	베케이션

Unit 02 거주지   212쪽

| 호텔 | hotel | 호텔 |
| 친척집 | relative's house | 뤨러티브스 하 우스 |

친구집	friend's house	프렌즈 하우스

회계	accounting staff	어카운팅 스탭

Chapter 03 숙소

Unit 01 예약 214쪽

예약	reservation	뤠져베이션
체크인	check-in	췌크인
체크아웃	check-out	췌크아웃
싱글룸	single room	씽글 룸
더블룸	double room	더블 룸
트윈룸	twin room	트윈 룸
스위트룸	suite room	스윗 룸
일행	party	파리
흡연실	smoking room	스모킹 룸
금연실	non-smoking room	넌스모킹 룸
방값	room charge	룸 촤쥐
예약번호	reservation number	뤠져베이션 넘버
방카드	card key	카드 키

관련단어 215쪽

보증금	deposit	디파짙
환불	refund	뤼펀드
봉사료	service charge	써비스 촤쥐

Unit 02 호텔 216쪽

프런트	front desk	프런트 데스크
접수계원	receptionist	뤼쎕셔니스트
도어맨	doorman	도어맨
벨보이	bellboy	벨보이
사우나	sauna	싸우너
회의실	conference room	칸퍼런스 룸
레스토랑	restaurant	뤠스토런트
룸메이드	housekeeper	하우스키퍼

Unit 03 숙소 종류 218쪽

호텔	hotel	호텔
캠핑	camping	캠핑
게스트하우스	guesthouse	게스트하우스
유스호스텔	youth hostel	유쓰 호스텔
민박	B&B	비앤비
여관	inn	인
대학 기숙사	university dormitory	유니버시리 도미터뤼

Unit 04 룸서비스 220쪽

모닝콜	wake up call	웨이컵 콜
세탁	laundry	런드뤼
다림질	ironing	아이어닝
드라이클리닝	dry cleaning	드롸이 클리닝
방청소	cleaning up one's room	클리닝 업 원스 룸
식당 예약	restaurant reservation	뤠스토런 뤠져베이션
안마	massage	머싸쥐
식사	meal	밀
미니바	minibar	미니바
팁	tip	팊

Chapter 04 교통

Unit 01 탈것 222쪽

비행기	air plane	에어 플레인
헬리콥터	helicopter	헬리캅터
케이블카	cable car	케이블 카
여객선	passenger ship	패씬져 쉽
요트	yacht	야트
잠수함	submarine	썹마린
자동차	car	카
버스	bus	버스

기차	train	트뤠인
지하철	subway	썹웨이
자전거	bike	바잌
트럭	truck	트럭
크레인	crane	크뤠인
모노레일	monorail train	모노레일 트뤠인
소방차	fire engine	파이어 엔진
구급차	ambulance	앰뷸런스
이층버스	double-decker bus	더블데커 버스
견인차	tow truck	토우 트럭
고속버스	express bus	익스프레스 버스
레미콘	concrete mixer truck	콘크리트 믹써 트럭
순찰차	patrol car	패트롤 카
오토바이	motorcycle	모터싸이클
증기선	steamship	스팀쉽
지게차	forklift truck	포크리풑 트럭
열기구	hot-air balloon	핫에어 벌룬
스포츠카	sports car	스포츠 카
벤	van	밴

Unit 02 자동차 명칭 / 자전거 명칭 225쪽

엑셀 (가속페달)	gas pedal	개스 페들
브레이크	brake	브레잌
백미러	rear-view mirror	뤼어뷰 미러
핸들	steering wheel	스티어링 윌
클랙슨	klaxon	클랙슨
번호판	license plate	라이슨스 플레잍
변속기	transmission	트랜스미션
트렁크	trunk	트렁크
클러치	clutch	클러취

안장	saddle	쌔들
앞바퀴	front wheel	프런트 윌
뒷바퀴	rear wheel	뤼어 윌
체인	chain	췌인
페달	pedal	패들

관련단어		227쪽
안전벨트	safety belt	쎄이프티 벨트
에어백	airbag	에어백
배터리	battery	배러뤼
엔진	engine	엔진
LPG	liquefied petroleum gas	리쿼파이드 패트롤름 개스
윤활유	lubricant	루브리컨트
경유	diesel	디즐
휘발유	gasoline	개설린
세차	car wash	카 와쉬

Unit 03 교통 표지판 228쪽

양보	Yield	일드
일시정지	Stop	스탑
추월금지	Do Not Pass	두 낫 패스
제한속도	Speed Limit	스피드 리밑
일방통행	One-Way Traffic	원웨이 트래픽
주차금지	No Parking	노 파킹
우측통행	Keep Right	킵 롸잍
진입금지	Do Not Enter	두 낫 엔터
유턴금지	No U-Turn	노 유턴
낙석도로	Falling Rock	펄링 롹
어린이 보호 구역	School Zone	스쿨 존

Unit 04 방향 230쪽

좌회전	left turn	레픝 턴
우회전	right turn	롸잍 턴

직진	go straight	고 스트뤠잍
백(back)	back	백
유턴	U-turn	유턴
동서남북	four cardinal directions	포 카디널 디 뤡션스

관련단어 231쪽

후진하다	back	백
고장 나다	break	브레잌
(타이어가) 펑크 나다	go flat	고 플랱
견인하다	tow	토우
갈아타다	transfer	트랜스퍼
교통 체증	traffic jam	트래픽 잼
주차위반 딱지	parking ticket	파킹 티킽
지하철노선도	subway map	썹웨이 맵
대합실	waiting room	웨이링 룸
운전기사	driver	드라이버
운전면허증	driver's license	드라이버스 라이센스
중고차	used car	유즈드 카

Unit 05 거리 풍경 232쪽

신호등	traffic light	트래픽 라잍
횡단보도	crosswalk	크로스웤
주유소	gas station	개스테이션
인도	sidewalk	사이드웤
차도	roadway	로드웨이
고속도로	expressway	익스프레스웨이
교차로	intersection	인터쎅션
지하도	underground passage	언더그라운드 패씨쥐
버스정류장	bus stop	버스 스탑
방향표지판	signpost	싸인포스트
육교	pedestrian overpass	페데스트뤼언 오버패스

| 공중전화 | payphone | 페이폰 |

Chapter 05 관광

Unit 01 서양권 대표 관광지 234쪽

그랜드캐니언	Grand Canyon	그랜드 캐년
디즈니랜드	Disneyland	디즈니랜드
라스베이거스	Las Vegas	라스 베이거스
센트럴파크	Central Park	센트럴 팤
자유의 여신상	Statue of Liberty	스테츄 어브 리버티
자연사 박물관	Natural History Museum	내추럴 히스토뤼 뮤지엄
타임스 스퀘어	Times Square	타임스퀘어
나이아가라 폭포	Niagara Falls	나이아그라 펄스
금문교	Golden Gate Bridge	골든 게잍 브리지
하와이	Hawaii	허와이
옐로스톤 국립공원	Yellowstone National Park	옐로스톤 내셔널 팤
러시모어 산	Mount Rushmore	마운트 러쉬모어
레고랜드	Legoland	레고랜드
유니버설 스튜디오	Universal Studio	유니버설 스튜디오
요세미티 국립공원	Yosemite National Park	요세미티 내셔널 팤
항공우주 박물관	Air and Space Museum	에어 앤 스페이스 뮤지엄
에펠탑	Eiffel Tower	아이펠 타워
루브르 박물관	Louvre Museum	루브르 뮤지엄
베르사유 궁전	Versailles Palace	베르싸이 팰러스
피사의 사탑	Leaning Tower of Pisa	리닝 타워 업 피사
콜로세움	Colosseum	칼러씨움
트레비 분수	Trevi Fountain	트레비 파운튼

시스티나 성당	Sistine Chapel	씨스틴 채플
베네치아 광장	Piazza Venezia	피아자 베네치아
피렌체 대성당	Florence Cathedral	플로런스 커띠드럴
성 베드로 광장	St. Peter's Square	세인 피터 스퀘어
알프스 산맥	Alps	앨프스
파르테논 신전	Parthenon	파써난
산토리니	Santorini	쌘토리니
빅 벤	Big Ben	빅 벤
버킹엄 궁전	Buckingham Palace	버킹엄 팰러스
대영박물관	British Museum	브리티쉬 뮤지엄
그리니치 천문대	Royal Greenwich Observatory	로열 그리니치 옵저버터뤼
웨스트민스터 사원	Westminster Abbey	웨슷민스터 애비
스톤헨지	Stonehenge	스톤헨쥐
오페라하우스	Opera house	아프러 하우스
하버 브리지	Harbor Bridge	하버 브리쥐
타롱가 동물원	Taronga zoo	타롱가 주
통가리로 국립공원	Tongariro National Park	통가뤼로 내셔널 팍
와이토모 동굴	Waitomo Caves	와이토모 캐입스
밀퍼드 사운드	Milford Sound	밀퍼드 사운드

Unit 02 볼거리(예술 및 공연) 238쪽

연극	play	플레이
가면극	masque	매스크
아이스쇼	ice show	아이스 쇼
서커스	circus	써커스
발레	ballet	밸레이

팬터마임	pantomime	팬터마임
1인극	monodrama	모노드라마
난타	Nanta	난타
락 페스티벌	rock festival	롹 페스티벌
콘서트	concert	칸써트
뮤지컬	musical	뮤지컬
클래식	classical music	클래시컬 뮤직
오케스트라	orchestra	오키스트러
마당놀이	Madangnori	마당노리
국악공연	Korean traditional musical performance	코뤼안 트래디셔널 뮤지컬 퍼포먼쇼

관련단어 239쪽

관객, 청중	audience	어디언스

Unit 03 나라 이름 240쪽

아시아	Asia	
대한민국 (한국)	Republic of Korea (South Korea)	리퍼블릭 업 코뤼아 (싸우쓰 코뤼아)
중국	China	촤이나
일본	Japan	재팬
대만	Taiwan	타이완
필리핀	Philippines	필리핀즈
인도네시아	Indonesia	인도니자
인도	India	인디아
파키스탄	Pakistan	파키스탄
우즈베키스탄	Uzbekistan	유즈베키스탄
카자흐스탄	Kazakhstan	카작스탄
러시아	Russia	뤄씨어
몽골	Mongolia	만골리어
태국	Thailand	타일랜드

유럽	Europe	**241쪽**
스페인	Spain	스페인
프랑스	France	프랜스
포르투갈	Portugal	포르츄걸
아이슬란드	Iceland	아이슬런드
스웨덴	Sweden	스위든
노르웨이	Norway	노르웨이
핀란드	Finland	핀런드
아일랜드	Ireland	아이얼런드
영국	United Kingdom	유.나이리드 킹덤
독일	Germany	줘머니
라트비아	Latvia	랏비어
벨라루스	Belarus	벨래루스
우크라이나	Ukraine	유크뤠인
루마니아	Romania	로우메니아
이탈리아	Italy	이틀리
그리스	Greece	그뤼스

북아메리카	North America	**242쪽**
미국	the United States of America	더 유나이리드 스테잇첩 어 메뤼카
캐나다	Canada	캐너더
그린란드	Greenland	그린런드

남아메리카	South America	**242쪽**
멕시코	Mexico	멕씨코우
쿠바	Cuba	큐버
과테말라	Guatemala	과터말러
베네수엘라	Venezuela	베네스웰러
에콰도르	Ecuador	에콰도르
페루	Peru	퍼루
브라질	Brazil	브러질
볼리비아	Bolivia	벌리비어
파라과이	Paraguay	패러과이

칠레	Chile	칠리
아르헨티나	Argentina	알젼티나
우루과이	Uruguay	유러궤이

중동	the Middle East	**243쪽**
터키(튀르키예)	Turkey(Türkiye)	터키(튀르키예)
시리아	Syria	씨뤼어
이라크	Iraq	아이락
요르단	Jordan	조든
이스라엘	Israel	이스뤼얼
레바논	Lebanon	레버넌
오만	Oman	오만
아프가니스탄	Afghanistan	애프개니스탄
사우디아라비아	Saudi Arabia	싸디 어뤠비어

아프리카	Africa	**244쪽**
모로코	Morocco	모로코
알제리	Algeria	앨지뤼어
리비아	Libya	리비어
수단	Sudan	수댄
나이지리아	Nigeria	나이지리어
에티오피아	Ethiopia	이씨오피어
케냐	Kenya	케냐

오세아니아	Oceania	**244쪽**
오스트레일리아	Australia	어스트뤨리어
뉴질랜드	New Zealand	뉴 질런드
피지	Fiji	피지

관련단어		**246쪽**
국가	nation	네이션
인구	population	파퓰레이션
수도	capital	캐피틀
도시	city	씨리

시민	citizen	씨리즌
분단국가	divided country	디바이디드 컨트뤼
통일	unification	유니피케이션
민주주의	democracy	디마크러씨
사회주의	socialism	쏘셜리즘
공산주의	communism	카뮤니즘
선진국	developed country	디벨럽트 컨트뤼
개발도상국	developing country	디벨럽핑 컨트뤼
후진국	underdeveloped country	언더디벨럽트 컨트뤼
전쟁	war	워
분쟁	dispute	디스퓨트
평화	peace	피스
고향	home	홈
이민	immigration	이미그뤠이션
태평양	Pacific Ocean	퍼시픽 오션
대서양	Atlantic Ocean	애틀랜틱 오션
인도양	Indian Ocean	인디언 오션
3대양	three Oceans	쓰리 오션스
7대주	seven Continents	쎄븐 컨티넌츠

Unit 04 세계 도시   248쪽

로스앤젤레스	Los Angeles	로쌘젤러스
뉴욕	New York	뉴 욕
워싱턴DC	Washington DC	와싱턴 디씨
샌프란시스코	San Francisco	샌 프런씨스코
파리	Paris	패뤼스
런던	London	런던
베를린	Berlin	버를린
로마	Rome	로움
서울	Seoul	쏘울
북경	Beijing	베이징

도쿄	Tokyo	토우쿄
상해	Shanghai	상하이
시드니	Sydney	시드니

Part 3 비즈니스 단어

Chapter 01 경제   252쪽

값이 비싼	expensive	익스펜시브
값이 싼	inexpensive	이닉스펜시브
경기불황	economic depression	이커나믹 디프뤠션
경기호황	economic boom	이커나믹 붐
수요	demand	디맨드
공급	supply	써플라이
고객	customer	커스터머
낭비	waste	웨이스트
도산, 파산	bankruptcy	뱅크럽씨
불경기	recession	리쎄션
물가상승	inflation	인플레이션
물가하락	deflation	디플레이션
돈을 벌다	earn money	언 머니
무역수지 적자	trade deficit	트뤠이드 데피씰
무역수지 흑자	trade surplus	트뤠이드 써플러스
상업광고	commercial	커머셜
간접광고 (PPL)	indirect advertisement/ product placement	인디렉트 어드버타이즈먼트 / 프라덕트 플레이스먼트
제조/생산	manufacture/ production	매뉴팩춰 / 프러덕션
수입	import	임폴
수출	export	엑스폴
중계무역	transit trade	트랜짓 트뤠이드

수수료	commission	커미션
이익	profit	프라핏
전자상거래	e-commerce	이커머스
투자하다	invest	인베스트

독점권	exclusive right	익스클루씨브 라잍
총판권	exclusive distribution rights	익스클루씨브 디스트리뷰션 롸잇츠
상표권	trademark (rights)	트레이드막 (롸잇츠)
상표권침해	trademark infringement	트레이드막 인 프린쥐먼트
특허권	patent	패튼트
증명서	certificate	써티피케잍
해외법인	overseas corporation	오버씨스 코퍼 뤠이션
자회사	subsidiary	섭씨디에뤼
사업자등록증	certificate of business registration	써티피케이 더브 비즈니 스 뤠쥐스트 뤠이션
오프라인	off-line	오프라인
온라인	on-line	온라인
레드오션전략	red ocean strategy	뤠드 오션 스 트뤠러쥐
블루오션전략	blue ocean strategy	블루 오션 스 트뤠러쥐
퍼플오션전략	purple ocean strategy	퍼플 오션 스 트뤠러쥐
가격 인상	price increase	프라이스 인 크뤼즈
포화상태	saturation	쎄춰뤠이션
계약	contract	컨트뢕트
합작	collaboration	컬래버뤠이션
할인	discount	디스카운트
성공	success	썩쎄스
실패	failure	페일리어

벼락부자	upstart	업스탙

Chapter 02 회사

회장	chairman	췌어맨
사장	president	프뤠지던트
부사장	vice-president	바이스프뤠지 던트
부장	general manager	줴너럴 매니저
차장	deputy general manager	데퓨리 줴너럴 매니저
과장	manager	매니저
대리	assistant manager	어씨스턴트 매 니저
주임	assistant manager	어씨스턴트 매 니저
사원	staff	스탶
상사	boss	보스
동료	colleague	칼리그
부하	subordinate	써보디넡
신입사원	new employee	뉴 임플로이
계약직	contract worker	컨트뢕 워커
정규직	regular worker	레귤러 워커

임원	executive	이그제큐티브
고문	advisor	어드바이써
전무	senior managing director	씨니어 매니징 디뤡터
상무	managing director	매니징 디뤡터
대표	representative	뤠프레젠터티브

Unit 02 부서 258쪽

구매부	purchasing department	퍼춰씽 디팟먼트
기획부	planning department	플래닝 디팟먼트
총무부	general affairs department	줴너럴 어페어스 디팟먼트
연구개발부	research and development department	리써취 앤 디벨롭먼 디팟먼트
관리부	executive department	이그제큐티브 디팟먼트
회계부	accounting department	어카운팅 디팟먼트
영업부	sales department	쎄일즈 디팟먼트
인사부	personnel department	퍼스넬 디팟먼트
홍보부	public relations department	퍼블릭 릴레이션스 디팟먼트
경영전략부	management strategy department	매니지먼트 스트뤠러쥐 디팟먼트
해외영업부	overseas sales department	오버씨스 쎄일즈 디팟먼트

Unit 03 근무시설 및 사무용품 260쪽

컴퓨터	computer	컴퓨러
키보드	keyboard	키보드
모니터	monitor	마니터
마우스	mouse	마우스
태블릿	tablet	태블릿

노트북	notebook	놋북
책상	desk	데스크
서랍	drawer	드로어
팩스	fax machine	팩스 머신
복사기	copy machine	카피 머신
전화기	telephone	텔레폰

A4용지	A4 paper	에이포 페이퍼
스캐너	scanner	스캐너
계산기	calculator	캘큘레이러
공유기	router	라우러
일정표	schedule	스케쥴
테이블	table	테이블
핸드폰	cellphone	쎌폰
스마트폰	smartphone	스맛폰

관련단어 262쪽

재부팅	rebooting	리부팅
아이콘	icon	아이칸
커서	cursor	커서
클릭	click	클릭
더블클릭	double click	더블 클릭
홈페이지	home page	홈 페이지
메일주소	e-mail address	이메일 어드레스
첨부파일	attached file	어태취드 파일
받은편지함	inbox	인박스
보낸편지함	outbox	아웃박스
스팸메일	spam mail	스팸 메일
댓글	comment	카멘트
방화벽	fire wall	파이어 월

Unit 04 근로 263쪽

고용하다	employ	임플로이
고용주	employer	임플로이어
임금/급료	pay	페이
수수료	commission	커미션
해고하다	fire	파이어
인센티브	incentive	인쎈티브
승진	promotion	프러모션
출장	business trip	비즈니스 트립
회의	meeting	미링
휴가	vacation	베케이션

출근하다	go to work	고 투 월
퇴근하다	leave the office	리브 디 어피스
조퇴하다	leave early	리브 얼리
지각하다	be late	비 레잍
잔업	overtime work	오버타임 월
연봉	annual salary	애뉴얼 쌜러뤼
이력서	resume	레쥬메이
가불	advance	어드밴스
은퇴	retirement	뤼타이어먼트
회식	team dinner	팀 디너

관련단어		265쪽
연금	pension	펜션
보너스	bonus	보우너스
월급날	payday	페이데이
아르바이트	part-time job	팟타임 잡
급여 인상	pay raise	페이 뤠이즈

Chapter 03 증권, 보험   266쪽

증권거래소	stock exchange	스탁 익스췌인쥐
증권중개인	stockbroker	스탁브로커
주주	stockholder	스탁호울더
주식, 증권	stock	스탁
배당금	dividend	디비던드
선물거래	futures trading	퓨춰스 트뤠이딩
주가지수	stock index	스탁 인덱스
장기채권	long term bond	롱 텀 반드
보험계약자	policyholder	팔러씨호울더
보험회사	insurance company	인슈런스 컴퍼니
보험설계사	insurance broker	인슈런스 브로커
보험에 들다	insure	인슈어

보험증서	insurance policy	인슈런스 팔러씨
보험약관	insurance clause	인슈런스 클로즈
보험료	premium	프뤼미엄
보험금 청구	claim	클레임
피보험자	insured	인슈어드

관련단어		268쪽
일반양도증서	general warranty deed	줴너럴 워런티 디드
파생상품	derivative	디뤼버티브
보험해약	cancellation of an insurance contract	캔썰레이션 어번 인슈런스 컨트랙트
보험금	benefit/ insurance	베네핕/인슈런스
투자자	investor	인베스터
투자신탁	investment trust	인베슷먼트 트뤄스트
자산유동화	asset securitization	어쎗 씨큐러리제이션
유상증자	rights issue	라잇츠 이슈
무상증자	bonus issue	보너스 이슈
주식액면가	par value	파 밸류
기관투자가	institutional investor	인스티튜셔널 인베스터

Chapter 04 무역   270쪽

물물교환	barter	바터
구매자, 바이어	buyer	바이어
클레임	claim	클레임
덤핑	dumping	덤핑
수출	export	엑스폴
수입	import	임폴
선적	shipment	쉽먼트
무역 보복	trade retaliation	트뤠이드 뤼탤리에이션
주문서	order sheet	오더 쉩

신용장(LC)	letter of credit	레러 업 크 레딭
관세	tariff	태맆
부가가치세	value added tax	밸류 애디드 택스
세관	customs	커스텀즈
관세사	customs broker	커스텀스 브 로커
보세구역	bonded area	반디드 에뤼어

관련단어		272쪽
박리다매	small profits and quick returns	스몰 프라핏 앤 퀵 뤼턴즈
컨테이너	container	컨테이너
무역회사	trading company	트뤠이딩 컴퍼니
응찰	bid	비드
포장명세서	packing list	패킹 리스트
송장	invoice	인보이스

Chapter 05 은행   274쪽

신용장	letter of credit	레러 업 크 레딭
주택담보대출	housing mortgage loan	하우징 모기 지 로운
이자	interest	인터뤠스트
대출	loan	로운
입금하다	deposit	디파짙
출금하다	withdraw	위드드뤄
통장	bankbook	뱅크북
송금하다	remit	뤼밑
현금인출기	ATM (automated teller machine)	오토메이티드 텔러 머쉰
수표	check	췍
온라인 송금	on-line remittance	온라인 뤼밋 튼스

외화 송금	foreign currency remittance	퍼런 커런씨 뤼밋튼스
환전	exchange	익스췌인쥐
신용등급	credit rating	크레딧 뤠이링

관련단어		276쪽
매매기준율	basic rate of exchange	베이직 뤠 잇 업 익스췌 인쥐
송금환율	remittance exchange rate	뤼밋튼스 익스 췌인지 뤠잍
현찰매도율	cash selling rate	캐쉬 쎌링 뤠잍
현찰매입률	cash buying rate	캐쉬 바잉 뤠잍
신용카드	credit card	크레딧 카드
상환	repayment	뤼페이먼트
연체된	overdue	오버듀
고금리	high interest	하이 인터뤠 스트
저금리	low interest	로우 인터뤠 스트
담보	security	씨큐어리티
주택저당증권	mortgage-backed securities	모기지백드 씨 큐리티스
계좌	account	어카운트
적금	installment savings	인스톨먼트 쎄 이빙스

무조건 따라하면 통하는
일상생활 영어 여행회화 365

이원준 저 | 128*188mm | 368쪽 |
14,000원(mp3 파일 무료 제공)

무조건 따라하면 통하는
일상생활 일본 여행회화 365

이원준 저 | 128*188mm | 368쪽 |
14,000원(mp3 파일 무료 제공)

무조건 따라하면 통하는
일상생활 중국 여행회화 365

이원준 저 | 128*188mm | 368쪽 |
14,000원(mp3 파일 무료 제공)

무조건 따라하면 통하는
일상생활 베트남 여행회화 365

FL4U컨텐츠 저 | 128*188mm | 368쪽 |
14,000원(mp3 파일 무료 제공)

잼잼 쉬운 영어 첫걸음

이원준 저 | 170*233mm | 296쪽
15,000원(mp3파일 무료 제공)

내맘대로 영어 독학 첫걸음

배현 저 | 188*257mm | 340쪽
15,000원(mp3파일 무료 제공)

잼잼 쉬운 여행 영어

서지위, 장현애 저 | 148*210mm | 300쪽
14,000원(mp3 파일 무료 제공)

내맘대로 영어 독학 단어장

FL4U컨텐츠 저 | 148*210mm | 324쪽
15,000원(mp3파일 무료 제공)